RICARDO GOMES DA SILVA
TELMA REGINA ESTEVES LANINI

MARKETING
E COMUNICAÇÃO
no Universo
Digital

Freitas Bastos Editora

Copyright © 2023 by Ricardo Gomes da Silva e Telma Regina Esteves Lanini.
Todos os direitos reservados e protegidos pela Lei 9.610, de 19.2.1998.
É proibida a reprodução total ou parcial, por quaisquer meios,
bem como a produção de apostilas, sem autorização prévia,
por escrito, da Editora.

Direitos exclusivos da edição e distribuição em língua portuguesa:
Maria Augusta Delgado Livraria, Distribuidora e Editora

Direção Editorial: *Isaac D. Abulafia*
Gerência Editorial: *Marisol Soto*
Diagramação e Capa: *Julianne P. Costa*

Dados Internacionais de Catalogação na Publicação (CIP) de acordo com ISBD

```
S586m      Silva, Ricardo Gomes da
              Marketing e Comunicação no Universo Digital / Ricardo
           Gomes da Silva, Telma Regina Esteves Lanini. - Rio de
           Janeiro : Freitas Bastos, 2023.
              152 p. ; 15,5cm x 23cm.

              Inclui bibliografia.
              ISBN: 978-65-5675-268-6

              1. Marketing. 2. Marketing digital. 3. Marketing 5.0.
           4. Comportamento do Consumidor. 5. Comunicação digi-
           tal,. I. Lanini, Telma Regina Esteves. II. Título.

2023-417
                                                       CDD 658.8
                                                       CDU 658.8
```

Elaborado por Odilio Hilario Moreira Junior - CRB-8/9949

Índices para catálogo sistemático:
1. Marketing 658.8
2. Marketing 658.8

Freitas Bastos Editora
atendimento@freitasbastos.com
www.freitasbastos.com

SUMÁRIO

CAPÍTULO 1
INTRODUÇÃO AO MARKETING **5**
Mas o que exatamente é o marketing? 6
Entendendo melhor as orientações do marketing 8
O Famoso Mix de Marketing – 4Ps.................................10

CAPÍTULO 2
POR DENTRO DO MARKETING DIGITAL **24**
Mas o que é marketing digital?..................................... 26
Entendendo o Inbound e o Outbound Marketing.......... 31
Conhecendo o Funil de Vendas.....................................35

CAPÍTULO 3
ENTENDENDO O COMPORTAMENTO DO
CONSUMIDOR **38**
Falando sobre o ato de consumir 38
Conhecendo o consumidor digital.................................55
Um novo processo de compra 62

CAPÍTULO 4
PLANEJAMENTO DE MARKETING (Ferramenta de
análise e planejamento - do tradicional ao marketing
digital) **66**
Um roteiro para o Plano de Marketing...........................67
Plano de Marketing Digital.. 69

CAPÍTULO 5...79
A COMUNICAÇÃO COMO FERRAMENTA ESSENCIAL E
ESTRATÉGICA DO PLANEJAMENTO DE MARKETING .. 79
O mix de marketing digital.. 84

Pesquisa, planejamento e produção 86
Publicação, promoção e propagação 88
Personalização e precisão 90

CAPÍTULO 6
A COMUNICAÇÃO INTEGRADA DE MARKETING NA ERA DIGITAL (Conteúdo, coparticipação e relações em rede) **94**
Compreendendo as relações em rede 95
Os novos cenários da transformação digital 101
A dinâmica da prática de relacionamento e coparticipação. 105

CAPÍTULO 7
COMUNICAÇÃO MIDIÁTICA E CONVERGÊNCIA: MÍDIA, MULTIMÍDIA, CROSSMÍDIA E TRANSMÍDIA **111**
A Era da Convergência e a Cibercultura 112
Narrativas midiáticas: Multimídia, Crossmídia, Transmídia 117
A relação das narrativas com as experiências de consumo 124

CAPÍTULO 8
A GESTÃO DO RELACIONAMENTO E A CONTINUIDADE DA EVOLUÇÃO DO MARKETING **130**
A tecnologia e o fator humano 132
Inovação, tecnologia e humanidade: O Marketing 5.0 . 141
Diretrizes do Marketing 5.0 144

REFERÊNCIAS **149**

CAPÍTULO 1
INTRODUÇÃO AO MARKETING

Começando a conversa

O mundo das tecnologias digitais e da internet é disruptivo. Para qualquer lugar que olharmos encontraremos a forte presença do universo digital influenciando as decisões de compras e a forma como as empresas tomam decisões relacionadas ao lançamento de produtos. Isso sem falar nos ciclos de vida de produtos mais curtos que exigem inovações permanentes

Na economia digital o mundo dos negócios virou de cabeça para baixo. A conectividade levou as empresas a reconfigurar suas estratégias e a forma de se comunicarem com consumidores mais informados, que não aceitam qualquer produto, que desconfiam de promoções, que comparam e avaliam muito bem os preços e que querem a conveniência que facilite o acesso aos produtos, pontos de vendas, contatos, segurança na compra e velocidade de entrega.

Logicamente que tantas mudanças alteraram a forma como os gestores enxergam os processos que possam garantir maior competitividade e também mexeu com a rotina dos profissionais de marketing. Afinal, com todas essas mudanças a forma de se fazer o marketing também mudou. Os negócios digitais estão aí e não nos deixam mentir.

Mas o que mudou no marketing exatamente? Numa pesquisa mais atenta na internet, é possível encontrar quem diga que o marketing tradicional morreu e isso não é verdade.

O marketing vem evoluindo desde seu surgimento e continua acompanhando as mudanças impostas pelo mundo globalizado e pela economia digital. Olhando essa evolução por meio dos estudos das fases do marketing, que veremos mais adiante, é possível perceber claramente esse processo evolutivo.

Mas o que exatamente é o marketing?

Essa é uma boa pergunta para iniciarmos. Quando perguntamos aos profissionais de outras áreas, geralmente a resposta remete a venda ou propaganda. Essa visão, bastante estreita, nem de longe retrata o que realmente é ou para que serve, mesmo ele estando por todos os lugares e fazendo parte do dia a dia de todos nós. Partindo do princípio de que este não é um livro somente técnico, que não tem a pretensão de esgotar o assunto e muito menos de ser o único livro capaz de contribuir para formar profissionais da área, vamos explicar alguns conceitos básicos importantes, daremos alguns exemplos e sugestões de aplicação ao longo dos capítulos, mas isso não significa que será raso em conteúdo.

Pense comigo, tudo que é vendido para atender as necessidades e desejos dos consumidores pode ser tratado como um produto. Supondo que você é ou que pretenda empreender, que trabalhe vendendo algo ou que trabalhe numa empresa que atende a demanda dos consumidores diretamente, no segmento B2C ou B2B, você inevitavelmente vai se deparar ou recorrer ao marketing e todas as suas possibilidades.

Uma das definições de marketing apresentadas por Kotler e Keller (2018, p. 3) nos diz que o marketing "é um processo social pelo qual indivíduos e grupos obtêm o que necessitam e desejam por meio da criação, da oferta e da livre troca de produtos de valor entre si". A American Marketing Association define que o "marketing é a atividade, o conjunto de conhecimentos e os processos de criar, comunicar, entregar e trocar ofertas que tenham valor para os consumidores, clientes, parceiros e sociedade como um todo". Para Kotler e Keller (2018, p. 3) "o marketing envolve a identificação e a satisfação de necessidades humanas e sociais ou a capacidade de suprir necessidades gerando lucro".

Tomando a primeira definição como ponto de partida, vamos pensar nas necessidades e desejos do ser humano que são conceitos centrais no marketing e refletir sobre a aplicação dos mesmos. A necessidade humana é considerada um estado de carência percebida. É algo que as pessoas precisam para sobreviver. Necessidade de alimentação, de moradia, de segurança e transportes entre outras. Uma pessoa com fome precisa se alimentar, uma pessoa precisa de um meio de transporte para se locomover. Já o desejo é moldado pela sociedade que vivemos e por estímulos externos que recebemos. Vamos ver exemplos para ilustrar e facilitar o entendimento. Se você está com fome, necessita de alimentação, mas quem colocou na sua cabeça que você precisa comer aquele *fast food* do arco dourado? Certamente foram as propagandas, influências e as experiências vividas ao saborear um lanche que te fizeram ter essa preferência. Se você precisa se locomover, poderia fazê-lo usando uma bicicleta ou uma carroça para chegar ao seu destino, mas quem te disse que o ideal seria um carro da marca X ou Y? De onde veio o sonho e louco desejo ter um telefone da marca da maçã? Afinal, se você precisa tirar umas fotos, fazer ligações e mandar mensagens muitos são os aparelhos e marcas que te atenderão. Espero que tenha entendido e que consiga fazer a relação com o nosso tema, com seu dia a dia e comportamento de compra.

Diante desses exemplos, vamos para uma rápida brincadeira. Se eu lhe perguntasse agora o que você faria para conquistar a atenção de seus consumidores, caso você seja ou pretenda ser um empreendedor, ou dos clientes em potencial da empresa onde você trabalha? O que você pode fazer para transformar seus produtos em um desejo dos consumidores? Essas pessoas perceberiam alguma razão especial para comprar ou fazer algum tipo de negócio com você? Lembre-se que a competição é imensa e que você precisa gerar estímulos para se destacar e capturar atenção. É uma tarefa fácil? Te adianto que não, mas fica muito pior se você não tem nenhum conhecimento de marketing.

É importante entender como funciona a tomada de decisão de compra, como a internet ajuda ou atrapalha nesse processo de escolha, quais são os objetivos, quais os tipos de informações que podem contribuir para definição de estratégias de reforço da marca, de retenção de clientes, da proposta de valor e do posicionamento.

Achou muita coisa? Tenha certeza que não é tanto assim. Alguns desses conceitos serão abordados mais para frente, mas já aparecem aqui para te ajudar a refletir um pouco sobre alguns elementos que fazem parte de uma visão gerencial que considera o marketing como uma ferramenta superimportante para aumentar as chances de sucesso de seu negócio em tempos de marketing digital, inteligência artificial, internet das coisas, competidores globais e mercados disruptivos.

Não esqueça, todas as organizações, independente do segmento de atuação, precisam gerar uma percepção bastante positiva para seus clientes internos e externos. Todos dentro de uma empresa com uma visão voltada para o marketing, alta competição e universo digital, precisam ter na ponta da língua o diferencial competitivo e a proposta de valor. Vamos fazer um teste. Responda às perguntas a seguir: o que diferencia sua empresa ou a empresa que trabalha ou os produtos que vende dos demais concorrentes? Se autoavalie agora. Você demorou a responder? Teve dificuldade e nunca tinha pensado nisso de forma mais profissional? Sua resposta foi ampla e genérica demais e todos os outros concorrentes responderiam a mesma coisa ou muito parecido? Se essa foi a sua realidade, não desanime, isso significa que está começando a pensar considerando aspectos do marketing de maneira mais profissionalizada. Se respondeu rapidamente e achou seus diferenciais, parabéns, você já está caminhando na direção certa.

Já fizemos um ótimo aquecimento para colocar o caro leitor no universo do marketing, mas para uma visão mais holística precisamos passar pelas orientações evolutivas que compõem essa história até os dias de hoje.

Entendendo melhor as orientações do marketing

Os mercados são dinâmicos e as variações ambientais impactam na forma como as organizações comercializam seus produtos. Essa realidade não é nova, mas merece toda atenção já que influencia a forma com as mesmas se relacionam com seus consumidores. Também está totalmente linkada com a busca permanente de lucratividade.

A seguir, será apresentado um breve resumo dessas orientações e mais adiante também descreveremos as características que diferenciam o marketing 1.0, 2.0, 3.0, 4.0 e finalmente o 5.0.

- **Orientação para produção** – Esse conceito sustenta que as empresas com essa orientação se concentram na produção em larga escala, com baixo custo e distribuição em massa. A China pode ser considerada um ótimo exemplo. Fabricantes de vários segmentos produzem todo tipo de produto e distribuí pelo mundo em grande escala e mantém o custo de produção muito baixo o que os tornam bastante competitivos. Já foram inclusive responsáveis por muitas falências pelo mundo de empresas que não conseguiram competir com os preços dos chineses.

- **Orientação para o produto** – Essa orientação segue a lógica de que os consumidores dão preferência a bens e serviços de boa qualidade e bom desempenho ou que apresente algum grau de inovação.

- **Orientação para vendas** – O uso de ações promocionais como promoções de vendas e venda pessoal para gerar grande quantidade de vendas a curto prazo é a tônica dessa orientação. Em tempos de consumidores exigentes, bastante esclarecidos e com muitas possibilidades de escolhas, essa orientação perde um pouco o sentido pelos riscos que ela representa se o produto não tiver qualidade. Mas em mercados em que os consumidores, normalmente, não vão espontaneamente procurar determinados produtos ela pode ser bastante efetiva. Alguns produtos são pouco procurados e nesses casos essa orientação se aplica perfeitamente. Como sugere Kotler e Keller (2018), um bom exemplo pode ser o de jazigos e de seguros de vida. Logicamente que não é regra, mas não é tão comum alguém acordar dizendo "hoje vou comprar um jazigo" ou resolver, sem nenhuma razão aparente, comprar um seguro de vida ou até mesmo fazer uma compra combinada dessas duas opções.

- **Orientação para o marketing** – Partindo do princípio de que a razão de ser de qualquer organização é o cliente e sua satisfação plena, essa orientação corrobora perfeitamente com ideia de que o foco deve ser a oferta de produtos certos de acordo com as demandas e exigências dos clientes. Se for possível customizar será ainda melhor. Kotler e Keller (2018, p. 22) afirmam que "a orientação para o marketing é a chave para uma empresa atingir os objetivos organizacionais e consiste em ser mais eficaz que os concorrentes na criação, na entrega e na comunicação de um valor superior aos mercados-alvos escolhidos".

O Famoso Mix de Marketing – 4Ps

FONTE: Adaptado de Kotler e Keller (2018, p. 28). Disponível em: https://www.researchgate.net/figure/Figura-1-Os-4Ps-do-mix-de-marketing-Fonte-Kotler-e-Keller-2006-Com-base-nesse_fig1_308708000/download. Acesso em 5 dez.2022.

No marketing existe uma ferramenta importante e primordial chamada Mix de Marketing ou 4Ps do Marketing. Se você já estudou um pouco de marketing em cursos livres ou em curso superior, certamente ouviu falar desse tópico. Mas se nunca ouviu falar não se preocupe, vamos explicar e dar exemplos que facilitarão seu entendimento. Certamente já deve ter visto os 4Ps por aí e não se deu conta. Ele está por toda parte. Na figura 1 é possível vê-los, de forma detalhada, com todos os elementos que estão inseridos na sua composição.

O Produto

O primeiro ponto que precisa de muita atenção é o produto. Ele deve gerar muito valor e atender a todas as promessas feitas no processo de divulgação. Afinal, ele é o responsável por atender as necessidades e desejos dos clientes que lhe procuram. Lembra-se desses conceitos? Falamos deles um pouco acima. Podemos considerar o P mais importante. Afinal, se não existir um produto não tem o que se precificar, o que se promover ou distribuir. Portanto, não importa o que você vende, cuide para que haja total sinergia entre os 4Ps. Mesmo que sua oferta seja a de serviços a preocupação é exatamente a mesma ou até maior. Levitt (1988, p. 99) diz que "quando os clientes não conseguem antecipadamente provar, sentir, cheirar ou ver um produto em uso, o que os induz a comprar são as promessas de satisfação". Logo, todo cuidado é pouco! Olhando a definição apresentada por Kotler e Keller (2018, p. 400) fica bem claro do que estamos falando. Para eles um produto "é qualquer coisa possa ser oferecida a um mercado para satisfazer uma necessidade ou um desejo, incluindo bens físicos, serviços, experiências, eventos, pessoas, lugares, propriedades, organizações, informações e ideias". Dessa forma, tudo que é oferecido ao mercado precisa justificar o preço cobrado, entregar a proposta de valor superior e gerar alta satisfação para o consumidor. Para Levitt (1985) um produto é um aglomerado de satisfações para o consumidor capaz de gerar alta percepção de valor, o que consolida as ideias apresentadas acima.

Uma das características críticas dos serviços é sua inseparabilidade. Isso significa dizer que, diferentemente de um bem, que é fabricado e colocado à venda sem que o consumidor normalmente veja sua fabricação, numa grande parte dos serviços, a interação entre o prestador do serviço e o consumidor se dá em tempo real. Essa interação é muito perigosa para quem não tem uma preocupação com todos os detalhes já que os clientes estão avaliando tudo durante o processo e nesses casos as diferenças entre as expectativas e as percepções ficam evidentes. As expectativas são geradas por meio de boca a boca, propaganda, marketing digital, recomendações e de todas as promessas feitas pelo prestador de serviço por meio de sua comunicação integrada. Cabe a esse mesmo prestador do serviço a responsabilidade de fazer com que a percepção gerada seja real e totalmente alinhada com as expectativas criadas.

Em função da impossibilidade de separar o prestador do serviço de quem o recebe, e nesse caso estamos falando do consumidor, a avaliação quanto à qualidade acontece no mesmo momento. Tudo implicará na satisfação do cliente. Qualquer detalhe pode afetar essa avaliação. A interação entre clientes também deve ser olhada com muita atenção. Vivemos em uma época em que as opiniões das pessoas têm um peso muito grande e podem se propagar rapidamente em função dos meios digitais.

Consumidores podem ser influenciados por atitudes, comportamentos e opiniões dos outros em relação aos serviços prestados, segundo Rocha, Ferreira e Silva, (2012). Nos dias de hoje, a opinião de outros consumidores pode valer mais do que a opinião de quem presta o serviço. Até porque o vendedor do serviço só vai falar muito bem dele mesmo. Ou você já viu alguém falar mal de si mesmo ou do serviço que vende? Um bom exemplo do poder de influência da opinião de terceiros pode ser vista por toda parte. Quantas vezes antes de baixar um aplicativo no seu celular você foi conferir o que falavam sobre o mesmo? Quantas vezes antes de comprar um produto você recorreu a pesquisas na internet para saber o que dizem? Quem não conhece alguém que nunca deu uma conferida na reputação de determinada empresa no Reclame Aqui? Por tudo isso é sempre muito importante que se tenha muita atenção e cuidado em monitorar o que pensam de sua marca e produto.

Existem produtos que permitem pouca variação, mas produtos diferenciados facilitam a criação de vantagem competitiva. Portanto, muito cuidado com o produto. Busque inovar de alguma forma. Se não é possível diferenciá-lo em sua essência, busque diferenciação nos métodos de atendimento, serviços agregados, relacionamento com o consumidor e acompanhamento da satisfação global dos clientes.

Veja abaixo algumas dicas adaptadas de Rocha, Ferreira e Silva (2012) que podem ajudar a criar uma percepção positiva sobre o seu produto durante o processo de interação com seus clientes:

1. Nunca esqueça que quem define se o produto/serviço tem qualidade ou não é o seu cliente. Portanto, pesquise e avalie sempre a opinião de todos que interagem com sua marca ou produtos. Conquiste a confiança das pessoas, saiba conviver com possíveis críticas e seja rápido na tomada de decisões que possam corrigir as falhas de serviços.

2. Use a simpatia como cartão de visita. Demonstre grande satisfação em se relacionar com clientes ou com clientes em potencial. Cumprimente com entusiasmo cada um que interaja pessoalmente, via telefone ou por outro canal de comunicação. As pessoas gostam de se sentir valorizadas e importantes. Sorria e saiba se colocar no lugar dos outros. Empatia é tudo.

3. Se um cliente solicitar um atendimento ou conversa em particular procure ser o mais rápido possível. Tenha um espaço onde esse atendimento possa acontecer. Lembre-se que a interação e avaliação se dão em tempo real e que outras pessoas podem estar por perto para ouvirem e que você não sabe exatamente o que te espera. Um elogio ou uma crítica severa que pode influenciar as opiniões de outras pessoas mesmo que não sejam verdadeiras. Se não for possível atender na hora, faça contato o logo que puder. Por favor, não vai prometer que fará um contato o mais breve possível e esquecer. Se prometeu algo cumpra e ganhe credibilidade.

4. As pessoas gostam de ser chamadas pelos seus nomes. Isso te ajudará a estabelecer um bom relacionamento e facilitará na retenção de clientes.

5. Procure, ao máximo, conhecer seus clientes individualmente. Claro que nem sempre é fácil para todos os segmentos, mas é muito importante. Se tiver oportunidade, faça! Procure

conhecer características, preferências e suas histórias. Dessa forma sempre terá argumentos e conhecimentos suficientes para um atendimento especial.

6. Agradeça sempre a qualquer opinião ou tentativa de contribuição para a melhoria dos produtos, processos ou atendimentos. Afinal, como já foi dito acima, quem diz se existe qualidade ou não no produto é o cliente.

Preço

Quando entramos no preço, muitos fatores criam um grau de complexidade que exige atenção. Na definição de preço recomenda-se considerar o perfil do público atendido, região de atuação, classe socioeconômica, preços praticados pelos concorrentes, lucratividade desejada, custo de produção, marca e posicionamento. Por essa razão é sempre bom que se saiba como funciona o processo de precificação. Existe uma pressão por parte dos consumidores que buscam melhores produtos por preços mais baixos e isso acirra a competição criando maior complexidade para se manter uma lucratividade alta. Pense na sinergia necessária dos 4Ps. De que adianta ter um ótimo produto e precificá-lo de forma equivocada colocando o preço baixo demais ou alto demais de forma que, em ambos os casos, os valores se afastem do patamar ideal?

Outra coisa bem interessante é que o preço é um importante indicador de qualidade. Para alguns pode parecer confuso ou contraditório, mas os consumidores querem preços baixos. Porém, se os preços forem baixos demais podem gerar uma percepção de baixíssima qualidade. Se tem alguma dúvida faça uma pesquisa. Pergunte aos amigos e parentes o que eles esperam de produtos que tenham preços altos. Não estranhe se todos responderem que esperam alta qualidade. Se a pergunta for sobre preços baixos demais, a resposta provavelmente será de que a qualidade é baixa e proporcional ao preço. Quem nunca desconfiou de promoções com preços baixos demais? Normalmente nos vem à cabeça de que algo pode estar errado. Achar esse equilíbrio é muito importante. Investir na valorização da marca, por exemplo, pode alterar essa realidade.

As pessoas reagem de formas diferentes aos preços dos produtos. É muito comum prevalecer a sensibilidade ao valor percebido. Para ilustrar pense em quantas vezes você pagou mais caro por um produto, qualquer que seja e ao ser perguntado a razão de pagar mais caro sua resposta foi algo do tipo: é muito melhor, vale a pena pagar um pouco mais caro, gosto do atendimento, tem muita qualidade, sou valorizado como cliente entre outros exemplos possíveis. Essa é a ideia de valor. Mas lembre-se que neste caso não é valor no sentido monetário. Estamos falando de tudo que recebe em troca pelo esforço feito, pelo dinheiro gasto, por esperar numa fila, pelos riscos que corre e por outras situações nessa mesma linha de raciocínio. Se seu esforço for maior do que os benefícios recebidos você tende a dizer que não valeu a pena. Logo, a percepção é de que não tem valor agregado. Mas se todo seu esforço foi recompensado, aí sim você estará satisfeito e perceberá que tem valor superior e que valeu a pena. Veja a figura abaixo que retrata a operação segundo Lovelock (1999) onde VALOR = BENEFÍCIO RECEBIDO - CUSTOS E ESFORÇOS.

Valor Líquido = (Benefícios – Custos)

Promoção

Esse é um dos pontos que geram grande confusão na cabeça de quem nunca estudou marketing. Essa confusão reside no fato de que para o leigo a palavra promoção está intimamente ligada às propagandas que toda hora aparecem nas mídias de forma geral. Propaganda de lojas de sapatos, roupas, supermercados, shoppings e tantas outras que nos bombardeiam diariamente por todos os lados. Mas se você voltar a olhar a figura 1 que descreve os 4Ps, verá alguns tópicos que se destacam dentro do P de promoção. Acontece que lá dentro estão outros elementos que, explícita ou implicitamente, estão ligados ao ato de promover um produto, uma marca, uma pessoa, um bem ou um serviço. Para realizar essas promoções as organizações, pequenos empreendedores, grandes comerciantes, instituições de ensino, *influencers* digitais, academias, marcas e todos os tipos de produtos que utilizam essas ferramentas de comunicação.

O processo de divulgação de um produto e a consolidação de uma marca exige uma estratégia bem montada de comunicação e venda. Como já mencionado, não adianta ter um bom produto, ser um desbravador numa área onde não existam concorrentes, fazer um ótimo trabalho e esperar bons resultados que possam ajudar no crescimento do negócio se ninguém souber da existência dele. Já diz o ditado popular "quem não é visto não é lembrado". Vale ressaltar que em tempos de marketing digital, essa promoção pode ser bastante interativa e contar com a coparticipação de parceiros e clientes. É possível ver as marcas contando histórias onde o consumidor é convidado a participar dando opiniões, respondendo desafios ou sendo convidado a interagir de alguma forma pela tela do seu celular ou computador.

Mas para se fazer presente e bem conhecido é necessário recorrer a ferramentas de comunicação tais como: propaganda, publicidades, relações públicas, força de vendas, promoção de vendas, marketing direto e marketing digital. Daremos alguns exemplos para reforçar o seu entendimento.

Ainda que possa parecer que o único público-alvo a ser alcançado no processo de comunicação sejam os consumidores diretos, não se iluda, muitos são os diferentes públicos que precisam receber sua comunicação. Ou seja, para quem vai precisar promover um serviço, um produto, a própria imagem, um diferencial ou tudo mais que possa ajudar a destacar a empresa e a marca precisa escolher muito bem com quem vai falar, o que vai falar, quando, onde e como vai falar. E quem são esses públicos? São fornecedores, clientes, distribuidores, franqueados, imprensa, rádios comunitárias, jornais de bairro, ONGs, Igrejas, patrocinadores e todos que sejam importantes em sua estratégia de negócios e de comunicação integrada desde que estejam alinhados com seus objetivos globais. Você não precisa falar com todos ao mesmo tempo, mas deve determinar a ordem de prioridade de acordo com os objetivos e metas definidos. Os exemplos de públicos que acabamos de dar são apenas sugestões gerais. Conceituando de forma clara a comunicação de marketing, Kotler e Keller (2018, p. 614) nos diz que "é o meio pelo qual as empresas buscam informar, persuadir e lembrar aos consumidores – direta ou indiretamente – sobre os produtos e marcas que comercializam".

A comunicação pode ser direcionada para públicos específicos, mas para todos ela precisa ser persuasiva. Comunicar é um ato contínuo. Tudo comunica o tempo todo, direta ou indiretamente. Portanto, cuidar muito bem do que se fala, como fala, para quem se fala e porque se fala é condição básica da estratégia de comunicação. As mensagens devem ser adequadas aos públicos, objetivos da comunicação e a mídia utilizada. Devem também ser integradas, sempre que possível, já que seu público de interesse pode usar vários canais diferentes.

Além dos canais, deve-se avaliar que elemento do mix de comunicação é o mais apropriado ou quais elementos do mix devem ser usados em conjunto e alinhados com o planejamento.

De acordo com Kotler e Keller, (2018, p. 616) O mix de comunicação é formado pelas oito principais formas de comunicação que são:

1. **Propaganda** – Qualquer forma paga de apresentação e promoção não pessoal. Certamente você vê em jornais, rádio, TV, no universo digital, *outdoor* e tantos outros meios, produtos e serviços sendo anunciados de todas as formas

numa tentativa quase desesperada de chamar a sua atenção. A empresa anunciante paga para que veículos de mídias anunciem seus produtos e isso se caracteriza como propaganda. Alguns anunciantes gastam fortunas, contratam pessoas famosas e usam de vários artifícios para se destacarem. Mas também existem os que não gastam tanto e usam canais mais baratos. Mas o importante a ser frisado é que todos pagam para divulgarem. Vale ressaltar que toda ação que não envolve pagamento para anunciar um produto é caracterizada como publicidade. Quem nunca viu uma marca envolvida em um escândalo de forma involuntária ou quem nunca viu uma marca deixar de patrocinar um atleta por causa de atitudes que geram visibilidade negativa à empresa? Claro que também pode acontecer de a publicidade ser gerada por algo positivo que coloca a marca em destaque e que chama atenção dos veículos de comunicação gerando mídia espontânea gratuitamente, às vezes até em horário nobre de TV que valem uma fortuna. O que importa é que você entenda muito bem esse conceito e o utilize de forma correta.

2. **Promoção de vendas** – Tipo de incentivo de curta duração para estimular a experimentação ou a compra de um bem ou serviço. Também estão incluídos na promoção de vendas os cupons, prêmios, campanhas de trocas de notas fiscais e promoções realizadas por equipes de vendas.

3. **Eventos e Experiências** – São atividades ou programas patrocinados por empresas que desejam criar interações entre a marca e os consumidores. Em muitas cidades do Brasil existem calendários de feiras e eventos segmentados que visam favorecer essa interação entre marcas e consumidores. Talvez você já tenha visto ou ouviu falar desse tipo de evento.

4. **Relações públicas** – O foco principal da atividade de relações públicas é a promoção da empresa ou marca frente aos vários públicos de interesse. É uma atividade importante e que requer algum preparo a quem vai exercê-la. Afinal, essa pessoa vai falar pela marca e para isso precisa se expressar

bem, conhecer muito bem os objetivos da empresa e os objetivos de comunicação.

5. **Marketing** *online* – Muito usado atualmente e inserido no contexto do marketing digital, busca envolver clientes reais e potenciais, de forma direta ou indireta, com a marca favorecendo a interação de forma dinâmica e, muitas vezes, em tempo real. Ajuda no processo de posicionamento, promoções, reforçando a imagem e em todas as ações que visem gerar novas demandas.

6. *Mobile* **Marketing** – Forma especial de marketing *online* que leva aos consumidores comunicações por meio de seus celulares.

7. **Marketing direto e interativo** – Nessa categoria se enquadra o uso de email marketing de forma consciente e não invasiva. Também podem ser usadas mensagens via telefone e até correio.

8. **Vendas pessoais** – Estamos falando de interação pessoal cara a cara com compradores em potencial visando apresentar produtos e serviços pessoalmente para vendas. Prática muito usada em vários segmentos, principalmente no de cosméticos.

Modelo AIDA

De maneira simplificada, mas não menos importante, encerramos apresentando um dos principais modelos utilizados para construção de uma comunicação bastante efetiva. Esse modelo é constituído de 4 estágios: atenção; interesse, desejo e ação. Espera-se que ao seguir os passos sugeridos seja possível conquistar novos clientes ou no mínimo se percebido por eles.

Imagem fonte própria. Inspirado e adaptado de KOTLER E KELLER (2018, p. 619)

Observando os estágios acima é possível notar que toda comunicação deve seguir essa hierarquia visando maior efetividade. O processo de comunicação integrado deve sempre chamar atenção para marca ou produto, despertar interesse e vontade de aprofundar, gerar desejo de consumo ou de estreitamento de relacionamento e, por fim, a ação que é considerada o estágio comportamental final e que deve resultar na decisão de compra. Logo, seguir esses passos e usar da melhor maneira possível a comunicação integrada com todas as suas ferramentas com o propósito de promover produtos e marcas é o melhor caminho para aprimorar as estratégias de captação e de retenção de clientes, de reforço da marca e da venda de produtos.

Praça

No marketing a praça nada mais é do que o canal de venda, o local onde produtos são entregues/vendidos ao cliente ou onde serviço é prestado. Se pensarmos no universo digital, a praça está na rede e pode ser acessada de qualquer lugar. Por exemplo: para quem vende produtos via loja virtual, essa também é considerada como um ponto de venda.

Para grandes conglomerados, com várias filiais e que contam com estratégia de distribuição de produtos para comercialização bem montada, a gestão dos canais de vendas e a logística de distribuição também estão inseridas dentro desse P assim como os transportes dos produtos e os meios para que os mesmos cheguem até o destinatário final.

Algumas perguntas devem ser feitas nos casos em que muitos produtos são vendidos e entre elas estão: quais as políticas de distribuição a serem adotadas? Que tipo de intermediários serão usados? Qual vai ser a política para venda no atacado? Como será feita a gerência desse canal de distribuição? Essas respostas têm total influência sobre a estratégia montada e podem impactar diretamente nas margens do negócio.

Se a produção acontece em grande quantidade, é necessário ter uma gestão efetiva do estoque. Não convém ter estoque demais e também não se deve ter de menos já que produtos estocados significam dinheiro parado. Deve-se ter controle da venda média mensal para que seja possível ter um estoque mínimo de segurança. É crucial que se tenha uma ótima velocidade na distribuição para não correr o risco de ser lento e burocrático, deixando o cliente insatisfeito. A velocidade na entrega é hoje considerada um grande diferencial competitivo.

Muitas empresas procuram trabalhar com o mínimo de intermediários possível, já que quanto mais intermediários, maior o impacto no preço final a ser cobrado ao cliente. Um caminho utilizado é a venda direta via loja virtual. Esse é um modelo que favorece maior alcance e relativamente rápido e fácil de ser implementado em alguns tipos de produtos e segmentos.

Para Rocha, Ferreira e Silva (2012), as empresas podem adotar diferentes políticas de distribuição e cada uma delas pode gerar repercussões específicas sobre o posicionamento dos produtos e da marca, assim como os demais elementos do mix de marketing.

Alguns dos exemplos abaixo servem de reforço e vale a pena conhecê-los com atenção.

Distribuição exclusiva – Muito usada quando a empresa usa um ou poucos intermediários. Esse canal vende exclusivamente produtos do fabricante. Muitas vezes a empresa monta sua própria rede de distribuição ou escolhe o parceiro que venderá exclusivamente seus produtos.

Distribuição seletiva – Nesse modelo seleciona-se o parceiro intermediário que fará a venda dos produtos. Normalmente um número reduzido de intermediários, que não são exclusivos, mas que permite ao fabricante um número razoável de distribuidores sem com isso popularizar os produtos da marca ou perderem o controle de quem pode ou não comprar.

Distribuição intensiva – Quando esse modelo é escolhido o que se pretende é colocar os produtos no maior número possível de pontos de venda e por essa razão busca-se um grande número de parceiros que estejam alinhados com a estratégia de distribuição e com o produto a ser comercializado.

Os autores ainda apresentam um *checklist* com dicas a serem consideradas quando da decisão de contratação de um intermediário para a venda dos produtos. As dicas abaixo podem ajudar na avaliação e contratação de um operador logístico para venda de seus produtos.

- Quais são os ganhos que deseja obter na contratação de um operador, comparativamente com a realização interna da operação?
- Que serviços serão solicitados pelo operador logístico? De que modo esses serviços serão integrados à operação da empresa contratante?
- Quais as características desejadas do operador no que se refere a compatibilidade com empresa contratante?
- Como será feito o gerenciamento da relação com o operador logístico?
- De que modo devem ser avaliados os resultados obtidos com o operador logístico escolhido?

Resumindo

Nos conteúdos acima apresentamos, de forma reduzida, noções básicas de marketing, os principais conceitos que facilitam seu entendimento e aplicação e um pouco do famoso mix de marketing ou também conhecido como os 4Ps do marketing. O principal objetivo era passar uma base do que é o marketing e de que maneira o conhecimento sobre o tema pode ajudar nas definições de táticas e estratégias que facilitem o processo de gestão diária de acordo com as metas estabelecidas para o sucesso do negócio e os retornos pretendidos.

CAPÍTULO 2

POR DENTRO DO MARKETING DIGITAL

Começando a conversa

Vivemos uma correria diária, buscamos conveniências e serviços que nos facilite a vida e nos faça ganhar tempo em todos os sentidos. Tempo para se divertir, para aproveitar as horas livres, para se comunicar, para aprender e ensinar, para se entreter, para comprar, para vender, para lançar produtos, para consultas médicas, para marcar exames de todos os tipos, para pesquisar satisfação de clientes e tantos outros exemplos. Poderia continuar e a lista seria enorme. Ninguém jamais imaginou que um dia seria possível fazer tudo isso pela tela de um computador ou telefone. Esses exemplos são suficientes para termos uma ótima noção do impacto da internet e do universo digital em nossas vidas. Esse fluxo de mudanças e inovações tecnológicas não para por aí.

Como diz Lévy (2010), a cada minuto que passa novas pessoas passam a acessar a internet, novos computadores são interconectados e novas informações de todos os tipos e utilidades são injetadas na rede para todo tipo de público. Gontijo (2004) afirma que com todas as possibilidades oferecidas pelo universo digital, passamos a ter uma experiência diferente relacionada a interação com a informação e com a construção de novos conhecimentos que geram mudanças na forma de ler, escrever, falar, ouvir, produzir, receber informações e de pensar. Hoje as informações se propagam muito rapidamente num mundo global e hiperconectado. A quantidade de dados gerados a todo instante é absurda, a facilidade de armazenamento é infinitamente maior e os custos se tornaram bem acessíveis. As informações chegam de todos os lados em tempo real e permitem correção de rota de qualquer ação de marketing, lançamento e atualizações de produtos, isso sem falar na possibilidade de comunicação direta com o consumidor.

O mundo digital mudou a forma de se fazer publicidade. Impactou a maneira de fazer propaganda nas TVs, contribuiu para que muitas revistas e jornais ampliassem suas participações no digital, mas também levou algumas empresas de comunicação a fecharem as portas. As fontes de receitas diminuíram consideravelmente. Afinal, ficou mais barato fazer propaganda pela internet com uma possibilidade de alcance muito superior e com grande quantidade de ferramentas para avaliação dos resultados. Tudo isso sem falar na infinidade de concorrentes que surgiram de todos os cantos. Hoje qualquer um pode produzir ou consumir conteúdos. As novas tecnologias digitais permitiram essa enorme mudança se tornando um grande apoio para todos que, de alguma forma, precisam ou desejam se conectar por prazer ou necessidade.

Um belo exemplo é o YouTube que se transformou em um canal de conteúdos colaborativos onde de tudo se encontra. Direta ou indiretamente virou um concorrente para os canais de TVs. É possível encontrar de tudo por lá, desde filmes, documentários, aulas, palestras, musicais, shows de todos os tipos e tudo mais que imaginarmos no formato de vídeo. Vale frisar que tudo isso de maneira democrática e acessível a todos. Logicamente que tem os comerciais que entram nas piores horas deixando, às vezes, o usuário impaciente, mas faz parte das ações comerciais do YouTube. De alguma forma eles sempre vão arrumar uma maneira de capitalizar. Afinal, esse é o negócio deles.

Essa breve descrição das mudanças no universo digital que causaram grande impacto na vida das pessoas e no mundo dos negócios, ajuda a entender como a forma de fazer marketing mudou completamente. Com tantas modificações, todos os holofotes estão virados para o marketing digital. Torres (2018, p. 65) nos chama atenção quando diz que "entender a internet e o ambiente digital não é mais uma questão de opção". Pode-se complementar dizendo que se trata de uma questão de sobrevivência.

Mas o que é marketing digital?

Para início de conversa vamos deixar claro que não vamos descrever aqui a história da internet desde quando ela surgiu e para quais objetivos. Não porque não seja importante, mas justamente porque basta uma pesquisa na própria internet para achar tudo sobre ela com requinte de detalhes. Mas o propósito deste livro é se concentrar nos aspectos mais importantes que possam servir de ponte para o entendimento da prática ou dos resultados do universo da comunicação digital sem com isso deixar de transmitir um conteúdo sólido e interessante.

Entre o final dos anos 60 e início dos anos 70 surge a internet e ninguém conseguiria exatamente projetar o tamanho da revolução que estava por vir com a sua chegada. Hoje a internet é conhecida como uma rede de computadores conectados e capazes de se comunicarem entre si com uma velocidade espantosa. Essa mesma rede permite a conexão de pessoas em qualquer lugar do planeta. Por essa rede se conectam sites, lojas virtuais e portais de todos os tipos, atendendo a todo tipo de demanda de mercado, de empresas privadas a órgãos públicos. Talvez, nesse momento, você esteja lendo esse livro na versão digital como um conteúdo que faz parte da sua formação educacional realizada a distância graças aos avanços tecnológicos que passam por uma conexão em rede favorecida pela internet. Para ilustrar melhor, quando pensamos em órgãos públicos podemos pensar no sistema de saúde brasileiro. Hoje é possível marcar uma consulta médica pelo telefone. No Brasil o processo de aposentadoria sempre foi muito complexo e demorado. Hoje é possível se aposentar sem precisar ir a um posto do INSS desde que o trabalhador comprove as exigências documentais e de anos de contribuição de trabalho. Se pensarmos em mercados privados, podemos fazer de tudo.

No final dos anos 90 e início dos anos 2000 o marketing digital começa a se configurar e evoluir rapidamente. À medida que as empresas foram percebendo que os consumidores estavam cada vez mais imersos no ambiente digital ficava evidente que lá eles precisavam estar também e que o marketing tradicional já não seria suficiente para se alcançar os objetivos como antes. Tal constatação fez com que as marcas mudassem radicalmente a maneira como se comunicavam com os consumidores, divulgavam, vendiam seus produtos e também todo o processo de comunicação institucional para reforço da marca. Vamos olhar a seguir para essa evolução.

Segundo Kotler, Kartajaya, Setiawan (2021) a evolução do marketing com foco no produto vem mudando para uma visão voltada para centralidade do ser humano. Mas essa evolução não pára por aí. Para os autores, o marketing 3.0 deve ser considerado o estágio final do marketing tradicional. Essa mudança exige, das empresas e dos profissionais, o desenvolvimento de uma nova visão sobre os conteúdos e formas de fazer o marketing. Agora, é primordial um novo olhar. Se o marketing 3.0 pode ser considerado o estágio final do marketing tradicional, então ele marca também o desenvolvimento da relação entre o marketing tradicional e do digital que a partir desse momento devem caminhar juntos apontando na direção de uma convergência que podemos sentir a todo instante. Para qualquer lugar que olharmos vamos nos deparar com o marketing digital de forma onipresente.

Mas essa mudança e evolução não começam no marketing 3.0. O próprio Kotler (2021) descreve essa sequência evolutiva nos seus livros mais recentes. Neles o autor fala sobre o marketing 1.0 centrado no produto, no marketing 2.0 com foco no consumidor, o 3.0 com um olhar voltado para o ser humano e no 4.0 analisa a interação *online* e *off-line* e por fim o marketing 5.0 direcionado a aplicação de tecnologias como IA, robótica e realidade aumentada capazes de mimetizar o comportamento humano ajudando a criar valor na jornada do cliente.

Para finalizar esse ponto importante, que retrata a evolução do marketing, reproduzimos abaixo o resumo criado por Nunes (2020) com as principais características dessas fases para seu melhor entendimento.

Marketing 1.0

O estágio criado e analisado por Philip Kotler mostra que as empresas estavam focadas na produção e no seu portfólio. Não havia uma contundente preocupação com construção de marca, segmentação de mercado e personalização. Um dos fatores para esse comportamento é que nesta época não existia muita concorrência e eram poucos os produtos disponíveis no mercado e o consumidor ainda era ingênuo com relação às estratégias de publicidade. Neste contexto, a estratégia era massificar a divulgação em alguns meios de comunicação como TV e Rádio, com o intuito de aumentar a exposição.

Marketing 2.0

Neste cenário é possível perceber um amadurecimento das empresas, no que diz respeito a uma predisposição para compreender as necessidades dos consumidores. As companhias começam a entender que sanar as dores dos clientes gera mais demanda para os negócios, ampliando a possibilidade de aumentar a receita. Em contrapartida, as pessoas começam a ficar com senso crítico mais aguçado e exigem mais dos empreendedores, o que faz com que os setores produtivos passem a rever suas estratégias. É assim que surge a segmentação de mercado, com o objetivo de delimitar grupos com interesses comuns. A partir desse filtro, a proposta era entender seus anseios e propor soluções personalizadas. Desta forma as empresas começam a reduzir a concorrência e a reduzir gastos desnecessários com estratégias de comunicação em massa que não surtiam o efeito esperado.

Marketing 3.0

No marketing 3.0 a internet surge como grande protagonista de uma grande transformação digital que começa afetar o marketing tradicional. As pessoas ganham poder de voz em sites, blogs e redes sociais, mudando a hierarquia de consumo no mundo. Neste formato é o público que dita as regras do jogo. Não faz sentido apenas segmentar o público-alvo. As pessoas começam a ser tratadas como seres humanos e se tornam únicos. Torna-se necessária a adaptação de estratégias para cada pessoa, respeitando suas particularidades e desejos, visando atender suas necessidades. Neste contexto, as companhias passam a humanizar seus discursos e abraçar causas sociais e ambientais, demonstrando preocupação com o desenvolvimento sustentável.

Marketing 4.0

Este é o momento que vivemos e está sendo chamado de economia digital. Vivemos em um cenário em que a internet está presente em todos os momentos de nossas vidas. O grande desafio das empresas é compreender esse cenário hiperconectado e de uma mudança de visão para uma lógica mais horizontal e inclusiva.

Marketing 5.0

Como foco principal o marketing 5.0, que avança numa velocidade espantosa, visa a aplicação de tecnologias que se aproximam ou que simulam o comportamento humano para criar, comunicar, entregar e aumentar o valor entregue durante a jornada do cliente. Para isso, o uso de todo tipo de tecnologia é crucial e entre elas estão: IA, sensores, robótica, realidade aumentada, realidade virtual, internet das coisas entre tantas outras (Kotler, 2021). Esse avanço tecnológico já é uma realidade. Experimente pesquisar atentamente o mundo ao seu redor e relacionar suas descobertas. Certamente vai se surpreender.

ADAPTADO de Eduardo Nunes (Ethos Comunicação Digital)

Torres (2018) considera o período entre 2007 e 2014 como o marco que representa o início de rápidas mudanças e lançamentos de novos produtos e serviços que consolidaram de vez a evolução digital. Talvez não seja exagero dizer que esse período citado pelo autor se divide entre antes e depois do lançamento, em janeiro de 2007, e começo das vendas do iPhone em junho do mesmo ano. Longo (2019, p. 52) nos diz que "o iPhone representa o alvorecer de uma nova era. Ele simboliza o início da Idade Mídia" numa análise bem humorada que o autor faz entre a evolução da Idade Média até os dias de hoje considerados Idade Mídia. Sobre essa evolução ele apresenta um quadro simbólico comparativo que apresenta de maneira simplificada a realidade oposta entre a Idade Média da comunicação e a Idade Mídia que reproduzimos abaixo:

Realidades Opostas

IDADE MÉDIA	IDADE MÍDIA
Massa	Indivíduo
Geral	Particular
Audiência	Engajamento
One 2 All	One 2 one
Monólogo	Diálogo
Aproximado	Preciso/Certeiro
Unidirecional	Bidirecional
Multimídia	Unimídia
Genérico	Pessoal
Especificidade	Sincronicidade
Tutor	Mentor

Torres (2018) resume uma lista de novas tecnologias surgidas a partir de 2007 que expandiram o universo digital tendo a internet como veículo de suporte e comunicação para uma diversidade de processos. Entre essas novas tecnologias estão:

iPhone: um novo conceito de smartphone que facilita o acesso à internet por meio de aplicativos.

Android: modelo de sistema operacional que permite a criação de aplicativos que rodam em múltiplos dispositivos móveis.

Apps: facilitam o acesso à internet e a soluções simples que hoje fazem parte de nosso cotidiano.

Tablets: uma nova alternativa às telas já conhecidas e de utilização massiva como a televisão, o computador e o celular.

Smart watches: relógios inteligentes capazes de monitorar nossas rotinas diárias, substituírem telefones, controlarem atividades físicas e até controlar sinais vitais, realizar eletrocardiograma e até ligarem para emergência em caso de acidente.

Internet das Coisas: permite a conexão de eletrodomésticos, carros, equipamentos e dispositivos à internet, automatizando múltiplas aplicações cotidianas.

***Cloud computing* ou a nuvem:** valiosa invenção tecnológica capaz de permitir que nossos arquivos, fotos, vídeos e dados sejam armazenados na internet e estejam disponíveis a qualquer momento em um computador ou smartphones.

Banda Larga 4G e 5G: acesso cada vez mais rápido à internet facilitando ou permitindo uma série de aplicações, utilizações, novos recursos e usos para a rede.

***Streaming* de vídeo:** disponibilização do acesso a vídeos sob demanda. Uma evolução que contribuiu enormemente para a mudança do comportamento do consumidor de filmes, para a lógica da programação da produção de filmes e documentários para TVs e para o fim das locadoras de filmes e dos videocassetes.

Realidade Aumentada, Realidade Virtual e Geolocalização: viabilizam a criação de novas interfaces interativas, como aplicações de imersões em realidade virtual, reconhecimento de padrões e realidade aumentada, e a geolocalização dos dispositivos móveis.

Inteligência Artificial (AI): em termos mais simples, IA, que significa inteligência artificial, refere-se a sistemas ou máquinas que imitam a inteligência humana para realizar tarefas. Permite desde a criação de um atendimento *online* virtual até o reconhecimento de imagens e produtos.

***Big data*:** permite a análise matemática do comportamento do consumo e dos hábitos do consumidor criando padrões e previsões se pensamos sua aplicação em uma das tantas possibilidades no marketing. Em termos gerais refere-se à possibilidade de armazenar, analisar e interpretar a grande quantidade de dados gerados diariamente.

Entendendo o Inbound e o Outbound Marketing

Inbound marketing

Não faz tanto tempo assim que falávamos em marketing e imediatamente pensávamos nas formas tradicionais de colocá-lo em prática com suas ferramentas mais conhecidas e utilizadas.

Mas houve uma verdadeira transformação no mundo digital e a forma de competir mudou. Hoje quando se fala de marketing e vendas logo pensamos no *inbound marketing*, em conteúdos relevantes, funil de vendas, *leads* etc. Sobre este avanço e mudança, vale a pena dar uma olhada no que em Kiso (2021, p. 15) quando nos diz que "após a fase áurea do marketing tradicional no Brasil, a propaganda foi adaptada à internet com banners e pop-ups. Assim, o *outbound* ou marketing tradicional, sua mídia interruptiva e as intervenções não solicitadas, voltadas apenas para propaganda também sofreram uma adaptação".

Mas o que exatamente significa inbound marketing?

Imagine uma estratégia que permita atrair o público do seu interesse de maneira mais assertiva, menos invasiva e mais barata? Hoje ter um bom banco de dados que tenha informações sobre os clientes como email, telefone, assuntos e conteúdos sobre os quais eles tenham curiosidade e que permita que você faça contato para mantê-los informados com dicas, orientações, documentos e tantos outros é muito importante e vale ouro. Para conseguir reunir informações sobre os clientes de forma que consigam montar boas estratégias de comunicação, atração e vendas, as empresas estão recorrendo ao *inbound marketing*. Em tradução livre *inbound marketing* pode ser considerado marketing de atração ou de entrada.

Tudo que os consumidores não mais toleram são empresas que forçam a barra para vender, que sejam invasivas e inconvenientes em suas tentativas de contato para realizarem suas ofertas. Assistimos recentemente à criação de regras que minimizem ações de telemarketing, mecanismos nos celulares para bloqueio de ligações e outras ferramentas com a mesma função. A verdade é que os tempos mudaram e ninguém compra mais como comprava antes. As opções são muitas e a paciência com quem não respeita o consumidor é pouca. Tentar empurrar o produto a qualquer custo já não funciona.

Nesse contexto, o *inbound marketing* tornou-se uma realidade e a utilização do marketing de conteúdo como ferramenta que facilita o envio de conteúdos relevantes e diferenciados serve de base para atração de clientes. Atrair *leads* qualificados é um dos principais objetivos no *inbound marketing*. São esses mesmos *leads* que vão alimentar o funil de vendas. Mas não interessa atrair todo mundo. O importante é realizar ações específicas e alinhadas com o público que realmente interessa.

Mas vale ressaltar que para conquistar esses *leads* de interesse é importante gerar tráfego para o site, redes sociais, *landing page,* blogs e todos os canais possíveis em grande volume e de forma consistente. Para isso, ter conteúdo relevante é determinante.

Entendo a diferença entre outbound e inbound marketing

O *outbound marketing* ou marketing tradicional, como chamado por muitos, tinha no seu método de comunicação para atração de clientes uma maneira considerada, em alguns casos, invasiva. Era comum enviarem emails para quem nunca pediu usando listas de emails conseguidas de maneira às vezes suspeita, ligações de telemarketing, propagandas em rádios, televisão, sites, portais, *outdoor*, mala direta, feiras, eventos e estandes em shopping centers, por exemplo. Na verdade, se tratava de uma tentativa de conversa com alguém que não tinha interesse em conversar com uma empresa que nem conhecia. Era algo tipo "atirar em todas as direções" e o que conseguisse de retorno era considerado resultado positivo, mas que não se sustentava já que era uma comunicação de mão única. O consumidor se sentia invadido. Não existia diálogo entre a empresa e o possível futuro cliente.

Rodrigo Souto do Hubspot (2022) descreve algumas características do *outbound* e do *inbound marketing* que apresentamos abaixo.

Outbound marketing

- público disperso: um *outdoor* ou um anúncio de televisão atinge as mais diferentes pessoas. O *Outbound* não consegue delimitar quem é o alvo de suas divulgações;
- comunicação de mão única: como dissemos, é a marca ofertando às pessoas, que apenas recebem as informações de maneira passiva;

- não há engajamento: você não pode dar *repost*, compartilhar nem curtir as ações do *Outbound*;
- métricas improváveis: é muito difícil, praticamente impossível, medir o alcance das ações dessas técnicas;
- não existe relacionamento: marca e clientes não trocam informações nem conteúdos. Trata-se de uma relação de compra apenas;
- custos mais altos: como atingem uma parte grande da população, sem muito foco, as ações de *Outbound* são mais caras;
- interrupções constantes: ligações de telemarketing interrompem a rotina, assim como anúncios de TV suspendem um programa. É certo que, em muitos casos, a pessoa nem dá atenção a essas divulgações;
- ações de curto prazo: um banner de site, um anúncio de televisão ou mesmo e-mails de spam têm uma duração mais curta, diferentemente de uma postagem em blog, que pode ser atualizada de tempos em tempos e gerar cada vez mais tráfego ao seu site.

Inbound marketing
- público certo: por meio de técnicas corretas de configuração do site e do uso correto de palavras-chave, o seu material é encontrado pelas pessoas que, de fato, têm interesse em seu produto ou negócio;
- comunicação de mão dupla: com as redes sociais e as formas de interações possíveis, o público pode questionar e promover discussões, e as marcas conseguem responder de prontidão, estabelecendo a comunicação;
- engajamento: conteúdos bem-feitos caem no gosto das pessoas, que podem compartilhá-los e indicar os links em suas diversas redes sociais. Assim, o engajamento só depende de você, ou melhor, do material produzido;
- mensuração possível: o método *Inbound* conta com ferramentas *online* que permitem que você entenda o potencial de cada ação, fazendo com que as suas estratégias se tornem mais eficientes;

- relacionamento entre marca e cliente: as marcas ficam mais próximas das pessoas a partir de postagens certeiras, o que permite que os consumidores se tornem promotores delas, defendendo-as e indicando-as sempre que julgarem necessário;
- custos acessíveis: quando você trabalha bem as suas técnicas de *Inbound*, o CAC (Custo de Aquisição de Clientes) abaixa consideravelmente, ainda mais quando aposta em softwares de automação de marketing;
- atração ao invés de interrupção: o mais incrível do *Inbound* é atrair o seu público, fazendo com que ele se torne mais ativo na escolha do produto. Pensando na quantidade de usuários *online*, a possibilidade de crescimento é gigante;
- ações de longo prazo: uma postagem em blog pode durar muito tempo, principalmente quando é feito um trabalho de atualização.

Conhecendo o Funil de Vendas

"imagem: Freepik.com". Esta imagem foi criada com os recursos de Freepik.com

O funil de vendas é uma ferramenta estratégica que retrata a jornada do cliente desde a entrada até o fundo do funil quando o negócio é fechado ou não. São etapas interligadas que mostram o percurso dos clientes. Já sabemos que é necessário atrair *leads* que possam se transformar em clientes de fato. Veja como a Resultados Digitais, empresa especializada em ferramenta de funil de vendas, descreve as etapas do funil.

Topo de funil

Nessa fase os visitantes descobrem que têm uma necessidade ou problema a ser resolvido, até então desconhecido. Essa é a etapa da consciência, despertada após entrarem em contato com a sua empresa.

O seu papel é educá-los: ofereça conteúdos ricos, como infográficos e *e-books*, que podem ser acessados após o preenchimento de um formulário. Ao fornecer dados, como nome, email e profissão, o visitante torna-se um *lead* e avança no funil de vendas.

Meio de funil

Nessa etapa os *leads* estão em busca de resolver suas necessidades, ainda que não saibam bem como fazer isso: pode ser com uma planilha específica, um *e-book*, um manual ou outro conteúdo de alta relevância que foi disponibilizado para aquele *lead*. Sua função é ajudá-los com dicas e técnicas deixando-os prontos para dar mais um passo no funil de vendas.

Fundo do funil

No fundo do funil os *leads* qualificados tornam-se oportunidades: estão praticamente prontos para serem abordados pelo time de vendas. Mais do que cientes do problema, buscam soluções.

A relação de confiança estabelecida entre a empresa e cada um deles faz com que vejam a organização ou o empreendedor como uma referência no assunto e alguém com quem podem negociar. O funil de vendas fecha quando os *prospects* realizam a compra e se transformam em clientes.

Resumindo

Hoje o marketing digital está tão inserido nas estratégias rotineiras de uma empresa que quando se fala de lançar produtos, efetuar vendas, definir táticas, se comunicar com o consumidor, realizar pesquisas e tantas outras atividades que cabe até refletir sobre a necessidade de dividir o marketing em duas vertentes que são o marketing tradicional e o marketing digital. É importante chamar atenção para o fato de que o marketing tradicional e o digital se complementam. O planejamento estratégico é que deve determinar quais plataformas ou tecnologias serão as mais adequadas aos objetivos traçados. Ainda para a autora o profissional de marketing é o estrategista responsável pela escolha da melhor plataforma, tecnologia e estratégia digital, respeitando suas respectivas peculiaridades, de forma que consiga usá-las da melhor forma em planejamento de marketing que atenda aos objetivos propostos.

CAPÍTULO 3
ENTENDENDO O COMPORTAMENTO DO CONSUMIDOR

Começando a conversa

Levar qualquer pessoa a comprar, comprar, comprar e comprar. Para muitos essa é a real função do marketing. Tá bom, ao marketing também interessa que as pessoas consumam. Mas numa visão mais geral, o consumo interessa a todos dentro de uma empresa além do departamento de marketing. Sem contar que o consumo faz a roda da economia girar se apoiando no movimento das mercadorias num mercado dinâmico de alta volatilidade Bauman (2008). Não confunda consumo com o consumismo, que não é considerado algo saudável. Mas o que poucos sabem é que existem questões pessoais que também levam alguém ao consumismo e que, nesses casos, quando ultrapassa o racional aceitável, a culpa não é do marketing. Não vamos entrar aqui no debate sobre questões psíquicas que podem levar a comportamentos consumistas como um sintoma não saudável que precisa do acompanhamento de psicólogos ou psicanalistas. Mas vamos abordar a necessidade e importância de estudar e entender o comportamento do consumidor, os fatores de influência, os processos de compras, seu comportamento diante de um mundo digital e sua interação com outros consumidores, entre outros pontos.

Falando sobre o ato de consumir

Consumir faz parte de nossa rotina diária. É algo extremamente banal. Nem nos damos conta do quanto fazemos isso, simplesmente, compramos. Pode ser algo simples e de pouco envolvimento e risco ou uma compra complexa que carece de uma pesquisa mais apurada, rica em detalhes e que minimize a possibilidade de erro ou arrependimento. Sobre o consumismo Bauman (2008, p. 41) nos diz tratar-se de "um tipo de arranjo social resultante da reciclagem de vontades, desejos e anseios humanos rotineiros, permanentes e, por assim dizer, neutros quanto ao regime, transformando-se na principal força propulsora e operativa da sociedade". O consumismo também pode ser caracterizado como o ato de comprar em exagero, muitas vezes sem necessidade, simplesmente para aplacar um desejo exagerado e injustificável. Pelo olhar da Psicologia, o consumismo pode estar relacionado a comportamento fútil ou a doenças graves que geram a falta de controle e consciência quanto ao consumo sem necessidade. Mas existe nesse contexto a ideia do consumerismo que preconiza um consumo consciente que foge do consumo alienado. Giglio (2004).

Uma questão não pode ficar de fora quando se fala do comportamento do consumidor que é o universo digital. A forma de consumir de hoje é completamente diferente da forma de consumir de muitos anos atrás. No sentido figurado, poderíamos dizer que se trata de uma diferença entre o consumidor analógico e o consumidor digital. Outros pontos importantes, que se referem a questões comportamentais e a pressupostos científicos que apoiam os estudos sobre o comportamento do consumidor, devem ser considerados. Sobre esses pressupostos Giglio (2004, p. 9), oferece uma contribuição apontando características comportamentais que são utilizadas no Marketing e na Administração como ponto de partida para estudos sobre o comportamento do consumidor. São eles:

- o ser humano é positivo, seu comportamento é ditado pela razão.
- o ser humano é emotivo, movido por afetos conscientes e inconscientes.
- o ser humano é social, movido por regras do grupo.
- o ser humano é dialético, movido a oposições.

– o ser humano é complexo, movido por determinações e indeterminações de vários níveis.

É preciso levar em consideração também estudos oriundos da Psicologia que nos apresenta alguns pressupostos sobre o comportamento humano como ainda nos descreve Giglio (2004, p. 10) na relação abaixo.

– Como ser racional, daí decorrendo as práticas sobre o consumo baseada na razão, no intelecto, na comparação de lucros e perdas, nos processos de aprendizagem e generalização.

– Como ser emocional, numa base que pode ser tanto consciente como inconsciente, daí decorrendo as práticas sobre o consumo baseada na estimulação, supondo-se que níveis não racionais controlam o comportamento.

– como ser social, numa base de influência de regras, em que a regra principal é fazer parte do grupo, daí decorrendo práticas sobre consumo baseadas em pressão social.

Da sociologia vem os seguintes pressupostos sobre o ser humano:

– Gregário por natureza, com algum poder de arbítrio, daí decorrendo algumas práticas de consumo.

– Gregário por necessidade, porém buscando o isolamento, a individualidade, o que gera prática sobre consumos diferentes do item anterior.

– Gregário por necessidade, buscando fazer parte dos grupos, o que leva a práticas diferentes dos dois anteriores.

O que fica claro é que muitos dos fatores capazes de influenciar nosso comportamento de compra estão relacionados a outras áreas do conhecimento como a psicologia e a sociologia conforme os exemplos acima. Vivemos em sociedade e por ela somos influenciados. Em outras palavras, a família, os amigos, a religião, nosso time preferido, um artista, um influenciador digital pode nos levar a consumir ou ter preferências sobre determinadas marcas e produtos. E não é só a compra que é importante, mas o pós-compra também. Afinal, a avaliação dos resultados, a satisfação e a percepção de valor podem nos levar a repetição da compra do mesmo produto e até indicá-lo para outras pessoas. Para melhor entendimento do que também está por trás do comportamento de compra vale a pena rever os conceitos de necessidade e desejo.

Necessidade e Desejo

No primeiro capítulo falamos, mais profundamente, de necessidades e desejos e por essa razão acreditamos que você já entendeu a diferença, mas se ainda estiver com alguma dúvida vale a pena revisitar o conteúdo para relembrar.

Necessidade é algo que o ser humano carrega com ele. É uma força interna que impulsiona uma pessoa a buscar alternativas que satisfaçam aquela necessidade que pode ser de comer, de beber, de abrigo, de segurança etc. A não satisfação desta necessidade tende a criar um estado de tensão, insegurança ou ansiedade fazendo com que o indivíduo busque a solução dessa demanda. Já os desejos estão ligados a necessidades particularizadas. Se sua necessidade é de se alimentar para se manter vivo, qualquer comida, de preferência, saudável deveria servir, mas nem sempre é assim. Quantas vezes estamos com fome, mas procuramos determinada marca de comida específica. Lembra-se do exemplo dado no primeiro capítulo? O que leva alguém com necessidade de comer a desejar um belo *fast food* da empresa do arco dourado? Esse é um bom exemplo da força do desejo.

Quando o assunto é a necessidade, convém conhecer o famoso modelo criado por Maslow para explicar os níveis de necessidades por meio de uma pirâmide que apresenta uma hierarquia baseada nas motivações humanas. Nesse modelo as necessidades são reunidas em cinco categorias como mostra a figura abaixo.

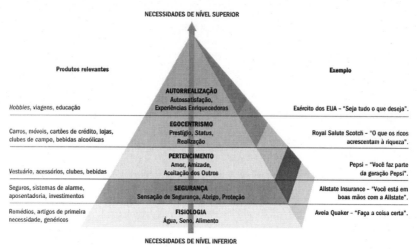

Copyright © 2015 Pearson Education, Inc. publishing as Prentice Hall Fonte: Solomn (2016, p. 22)

Necessidades Fisiológicas: necessidades básicas relacionadas à sobrevivência como comer, beber, dormir, morar, vestir, descanso etc.

Necessidade de Segurança: está relacionada à proteção física contra atos de violência, segurança familiar, segurança financeira, aposentadoria etc.

Necessidade de Sociais: necessidade de ser aceito em grupos sociais, famílias, amigos, sentimento de pertencimento etc.

Necessidade de Estima: essa está vinculada não só a autoestima, como pela estima recebida de outros, receber reconhecimento, ser respeitado ou respeitada, ter prestígio etc.

Necessidade de Autorrealização: nesse caso é o desejo de realizar-se, de colocar em prática todo seu potencial, habilidades e competências, capacidade de fazer sempre o melhor, ter criatividade, capacidade de resolver problemas etc.

Para facilitar ainda mais a compreensão da pirâmide Rocha, Ferreira e Silva, (2012, p. 70) apresentam exemplos de produtos e serviços que se enquadram em cada uma das categorias das necessidades acima apresentadas. Vejamos:

Produtos e serviços associados a necessidades fisiológicas: alimentos básicos, alimentos saudáveis, remédios, equipamentos que facilitam a prática de exercícios etc.

Produtos e serviços associados a necessidades de segurança: imóveis, seguros, planos de saúde, planos de aposentadoria, sistemas de alarmes residenciais, carros blindados, serviços de rastreamento de veículos, cintos de segurança, extintores de incêndio etc.

Produtos e serviços associados a necessidades sociais: uso de cosméticos, vestuário da moda, marcas da moda, produtos esportivos como camisas de times de futebol, objetos que identificam o pertencimento a associações, academias, grupos de praticantes de esportes de todo tipo e produtos que permitam o reconhecimento, valorização social e aceitação.

Produtos e serviços associados a necessidades de estima: carros de luxo, relógios de marcas caras e de luxo, jatos particulares, uísques importados, obras de arte etc.

Produtos e serviços associados a necessidades de autorrealização: aquisição de novos conhecimentos, cursos, cirurgia plástica, viagens, visitas a museus etc.

Vimos como funciona a hierarquia das necessidades e entendemos seu impacto na vida e comportamento das pessoas e alguns exemplos de produtos que servem para ilustrar e reforçar esse aprendizado. Mas existem alguns pontos que merecem destaque quando o assunto é o comportamento do consumidor. Se o Marketing desenvolve produtos e serviços para atender as necessidades e desejos dos consumidores e também visa gerar demanda capaz de garantir retorno sobre o investimento feito até colocá-lo no mercado, então compreender os fatores que podem influenciar o comportamento de compra deve ser uma preocupação permanente do profissional de marketing, de publicidade e do profissional de desenvolvimento de produto. Aliás, sobre esta questão Kotler e Keller (2018, p. 168), afirma que o "comportamento do consumidor é o estudo sobre como indivíduos, grupos e organizações selecionam, compram, usam, e descartam bens, serviços, ideias ou experiências para satisfazer suas necessidades e desejos". Para os autores, os profissionais de marketing devem ter um conhecimento teórico e prático sobre o comportamento de compra dos consumidores.

Mesmo que você não trabalhe diretamente com marketing, certamente vale a pena conhecer esses fatores. Pare para pensar, você já foi influenciado alguma vez e acabou comprando algo que nem pretendia ou que não tinha certeza se era aquilo mesmo que você queria? Já deixou de baixar um aplicativo após ler ou ouvir a opinião de outros usuários? Provavelmente já passou por isso ou conhece alguém que passou. Isso pode ter acontecido em função dos fatores culturais, sociais ou pessoais. Esses mesmos fatores podem ter impacto sobre os valores, cultura, atitudes e comportamentos de cada pessoa tanto na sua forma de encarar o mundo como no estilo de vida. Segundo Yanaze *et al.* (2011, p. 226), "o estilo de vida é a forma individual de viver, alocar esforços, tempo e dinheiro a fim de buscar os objetos de desejo e esse estilo de vida é influenciado pela cultura, sociedade, história de vida, personalidade e valores".

De forma simplificada convém rever algumas definições dos termos que foram citados acima de forma a contribuir para melhor compreensão e internalização, Yanaze (2011).

Cultura – conjunto de crenças, atitudes e valores importantes numa sociedade e que são compartilhados por seus membros.

Valores – crenças gerais e duradouras, padrões culturais compartilhados, normas, comportamentos e condutas que guiam escolhas para que se atinja objetivos, objetos e ideias. Os valores são hierarquizados.

Atitudes – avaliação aprendida por meio de experiências, culturas e família que podem ser favoráveis ou não a determinado objeto, pessoa, grupo, ideia, organização ou evento de forma coerente com determinado valor social.

Comportamento – maneira de agir ou reagir, como atividade observável de uma pessoa.

Agora que foram apresentados acima alguns conceitos que podem servir de embasamento para melhor entendimento, do ponto de vista prático e teórico, dos fatores **culturais, sociais e pessoais**, vale a pena olhar cada um deles de forma isolada.

Fatores culturais – principal determinante capaz de influenciar o comportamento de compra. Dentro dele estão inseridos a subcultura, influências familiares, valores e atitudes. No que se refere a subcultura Kotler e Keller (2018) afirmam "que dentro dela estão as nacionalidades, as religiões, os grupos étnicos e as regiões geográficas. Quando essas subculturas crescem e se tornam influentes o bastante, as empresas geralmente elaboram programas de marketing específicos para atendê-las".

Fatores sociais – o comportamento também é influenciado por fatores sociais além dos fatores culturais. Mas nos fatores sociais existem os grupos de referência que são aqueles que exercem fortes influências, direta ou indiretamente, nos comportamentos ou atitudes de um indivíduo. Para Rocha, Ferreira e Silva (2012) os grupos de referências servem como guias ou indicadores de valores, atitudes e comportamentos. Talvez o nobre leitor esteja percebendo que ao longo da vida sofreu ou sofre muitas influências dos grupos que lhe servem como referência ou inspiração e que, por algum motivo, impacta nas suas decisões e atitudes.

Existem algumas divisões importantes dentro dos grupos de referências que precisam ser olhadas com atenção como os grupos primários e grupos secundários e também os grupos aspiracionais e dissociativos que descrevemos a seguir.

- **Grupos primários:** formados por pessoas com as quais convivemos e interagimos com muita frequência e que são capazes de exercerem influências sobre nossas decisões, comportamentos, atitudes e escolhas. É composto por familiares, vizinhos, amigos, colegas de trabalho, comunidades na internet e igrejas, por exemplo. A socialização entre os membros desses grupos é uma forte aliada do comportamento de compra e preferência por marcas ou produtos.
- **Grupos secundários:** marcado por menor interação e tempo de convívio entre seus indivíduos, os grupos secundários são formados, por exemplo, por grupos esportivos, associações de moradores e de classes. Apesar da ocasionalidade dos encontros entre os elementos desse grupo, as influências mútuas sofridas podem ser fortes e bastante significativas.

Mas de que maneira nós somos influenciados por nossos grupos de referência exatamente? Kotler e Keller (2018), Rocha, Ferreira e Silva (2012) chamam atenção para três maneiras possíveis que são: pela exposição de novos comportamentos e estilos de vida, influência por atitudes e autoimagem e pressões por aceitação social. Tudo isso pode afetar as escolhas e preferências por produtos, serviços e marcas.

Você já parou para pensar também podemos ser influenciados por grupos que não pertencemos, mas que às vezes nos trazem novidades, ditam modas ou nos motivam e impulsionam da direção de uma marca ou produto e tantas vezes nos faz querer fazer parte também? Logo abaixo descrevemos esses grupos e suas características.

- **Grupos de aspiração ou aspiracionais:** são aqueles que o indivíduo gostaria de pertencer. Podem levar a pessoa a se comportar e consumir exatamente como os membros participantes desse grupo ou o mais próximo possível desse estilo de vida. Geram forte identificação.
- **Grupos dissociativos:** neste caso os indivíduos, por não quererem pertencer ou serem confundidos, procuram se distanciar ao máximo de seus comportamentos e estilo de vida por total falta de identificação.

Fatores pessoais: aqui as características pessoais exercem influência sobre o comportamento de compra. Por exemplo: a idade do indivíduo ou o estágio do ciclo de vida em que ele se encontra vai influenciar, sua ocupação, valores, estilo de vida, imagem projetada socialmente, personalidade e questões econômicas. Conforme a explicação de Kotler e Keller (2018), de acordo com a idade e ciclo de vida, coisas como roupas que usamos, preferências por tipos de lazer e entretenimento, comidas preferidas, móveis e decorações terão grande peso nas decisões de consumo.

O consumidor recebe estímulos diários de todos os lados e reage de maneira diferente a cada um deles. Acredita-se que chegam a cinco mil os estímulos diários em forma de propagandas em todos os tipos de canais de comunicação. É uma luta desesperada das marcas por, pelo menos, alguns segundos de atenção desse consumidor. Todas elas querendo ser percebidas de alguma forma, aproveitando as necessidades e despertando desejos, mas não é uma tarefa nada fácil. Isso coloca o profissional de marketing numa situação de desafio permanente. Afinal, são muitos os estímulos do ambiente de negócios e de marketing e ele, o profissional de marketing, precisa saber como chegar ao coração e mente desse consumidor. Neste cenário de alta complexidade e volatilidade, conhecer fatores psicológicos que impactam as decisões de compras e o processo de compra pode ser decisivo para elaboração de uma boa estratégia que vise posicionar um produto, conquistar atenção ou simplesmente vender mais. Entre os principais fatores estão:

Motivação

Quando o assunto é motivação vale a pena relembrar a hierarquia das necessidades que apresentamos na Pirâmide de Maslow acima. Mas aqui apresentamos outros aspectos que reforçam a teoria sobre os fatores motivacionais capazes de levar alguém ao consumo.

A motivação é a razão capaz de gerar determinado comportamento em alguém. "Um motivo é um construto que representa uma força interior não observável que estimula e compele a uma ação, dando um direcionamento específico para essa resposta" Solomon (2016, p. 17). Se existe uma necessidade, existe uma tensão que impulsiona o indivíduo e a necessidade só será satisfeita se houver motivação para agir como ilustra o esquema abaixo. Como afirma Kotler e Keller (2018) a necessidade só pode ser considerada um motivo se apresentar um alto nível de intensidade capaz de levar uma pessoa a ação.

NECESSIDADE
NÃO   TENSÃO   MOTIVAÇÃO
SATISFEITA

Essa necessidade pode ser utilitária ou hedônica. É considerada como utilitária quando justifica uma compra por motivos funcionais ou de ordem claramente prática como, por exemplo, a compra de um par de tênis específico para maratonas capaz de minimizar lesões ou melhorar a performance. Já a hedônica está relacionada a experiências que envolvem questões emocionais e de prazer durante o processo de compra. A compra de um perfume ou peça de roupa capaz de fazer uma pessoa se sentir mais atraente é um exemplo para o hedônico.

Rocha, Ferreira e Silva (2012, p. 75) apresentam alguns exemplos para cada categoria:

- **Produtos e serviços consumidos por motivação predominante utilitária:** lápis, inseticida, produtos de limpeza e bancos.
- **Produtos e serviços consumidos por motivação predominante hedônica:** cosméticos, roupas de festas, academias de ginásticas, centro de estética, espetáculos de músicas, teatros, balé e similares.

Percepção

O conceito de percepção está presente em várias áreas do saber. É possível encontrá-los nos estudos filosóficos, psicológicos e do comportamento do consumidor. Há muitas definições de percepção, mas também um consenso de que a palavra percepção refere-se aos processos pelos quais o indivíduo recebe estímulos, seleciona-os e interpreta-os. No dicionário Houaiss (2015) encontram-se várias definições para o termo percepção e algumas foram usadas aqui por serem pertinentes e adequadas. Entre os selecionadas estão:

- → Faculdade de aprender por meio dos sentidos ou da mente.
- → Função ou efeito mental de representação dos objetos; sensação, senso e o ato de exercer função.
- → Consciência dos elementos do meio através das sensações físicas.
- → Ato, operação ou representação intelectual instantânea, aguda intuitiva.
- → Uso: formal. Consciência (de alguma coisa ou pessoa), impressão ou intuição.
- → Sensação física interpretada através da experiência.
- → Capacidade de compreensão.

Sheth, Mittal e Newman (2001) consideram a percepção como forma pela qual os consumidores escolhem, organizam e compreendem as informações que recebem do ambiente em que estão inseridos. Para Kotler e Keller (2018), a percepção é o processo do qual alguém seleciona, organiza e interpreta as informações recebidas para criar uma imagem significativa do mundo.

Giglio (2002) define a percepção como um processo de escolha e interpretação dos estímulos que nos chegam. O autor ainda afirma que a estimulação é tanta que somos obrigados a escolher e selecionar os estímulos que mais nos interessam. A forma de selecioná-los e interpretá-los é resultado de expectativas naquele momento da vida.

Se a percepção é o processo pelos quais as sensações são selecionadas, organizadas e interpretadas e a sensação está relacionada à reação imediata de nossos receptores de sentidos, então criar experiências valiosas e significativas para os clientes em todos os momentos em que tem contato com produtos, marcas, funcionários ou qualquer ponto de contato de determinada organização, irá influenciar diretamente na avaliação e atribuição de valor. Para tanto, é importante que os gestores tenham total consciência de como se constrói a percepção para que consigam projetar produtos e serviços que desempenhem esta função.

Sheth, Mittal e Newman (2002, p. 287), acreditam que existem alguns fatores que podem moldar a percepção, são eles: as características dos estímulos (marcas, lojas, empresas); o contexto no qual o consumidor está inserido (cultura, social); características pessoais do cliente. Desta forma, um mesmo estímulo poderá obter resultados diferenciados dos clientes.

Os clientes vivem a todo instante sendo bombardeados por mensagens ou estímulos que se misturam e criam confusão mental pelo excesso. Para as organizações o grande desafio está em criar estímulo que desperte a atenção do cliente fazendo com que ele não se interesse no concorrente já que somente um pequeno número de estímulos presentes no ambiente é notado e desses, um número ainda menor recebe a atenção do consumidor.

Segundo Giglio (2002, p. 122), uma exposição frequente de um estímulo terá muito mais chance de ser percebida que uma exposição rara. É por este motivo que peças publicitárias são mostradas várias vezes, num intervalo de tempo. Outra característica é a intensidade, e, quanto maior ela for, também será a probabilidade de o estímulo ser percebido. É por isso que nos comerciais de TV, o som aumenta.

O entendimento das fontes de percepção dos clientes torna-se condição necessária para o desenvolvimento de ações capazes de influenciar a criação da percepção. Portanto, conhecer o processo perceptual para o comportamento do cliente é primordial. O processo é dividido em três passos:

→ **Sensação:** atentar a um objeto ou evento do ambiente com um ou mais dos cinco sentidos (visão, audição, olfato, tato e paladar).

→ **Organização:** classificar o estímulo percebido de acordo com categorias semelhantes de objetos armazenados na memória.

→ **Interpretação**: acrescentar significado a um estímulo, formando uma "regra" sobre o objeto ser ou não apreciado, e também sobre que valor seria atribuído por aquele que o percebe.

Para se livrar deste bombardeio de propagandas sofrido no dia a dia o consumidor tende a se tornar mais seletivo, prestando atenção somente ao que lhe interessa. Esse filtro natural acontece em três etapas: exposição seletiva, atenção seletiva e interpretação seletiva.

- A exposição seletiva ocorre quando um estímulo penetra na gama de receptores sensoriais de uma pessoa.
- Na atenção seletiva o cliente pode ou não ignorar uma propaganda ou informação se não estiver relacionada ao seu interesse.
- Interpretação seletiva é a interpretação da informação recebida conforme as crenças e expectativas prévias.

Baker (2005) contribui ao afirmar que a eficiência do processo decisório exige que a atenção e a percepção sejam seletivas. Uma espécie de mecanismo de defesa que filtra todas as mensagens, exceto as que são familiares, consistentes com nossos preconceitos, crenças, motivos, expectativas e desejos correntes.

Portanto, a interação do consumidor com estímulos tendem a resultar em experiências agradáveis, ou não, e da consciência da criação dos seus próprios limites e capacidade de criar expectativas do que experimentar.

Uma vez criada a vontade de experimentar na sua consciência e uma vez que ele decida partir para ação, estarão formadas todas as condições para que as organizações possam criar mecanismos para que a percepção de valor seja criada.

Aprendizagem

Todos os dias vivemos experiências novas ou diferentes que nos fazem aprender alguma coisa. Esse aprendizado fará parte de nossa forma de pensar ou agir. Kotler e Keller (2018) nos diz que a teoria da aprendizagem pode ajudar os profissionais de marketing na criação de demandas para produtos criando estímulos capazes de motivar os consumidores por meio de reforços positivos. O reforço positivo acontece quando existe uma recompensa, mesmo que só emocional, como uma sensação de prazer e satisfação, toda vez que fazemos algo.

Existem ainda algumas teorias sobre aprendizagem que não serão aqui aprofundadas, mas que estão presentes em estudos profundos sobre o comportamento do consumidor e entre elas teorias estão: teoria de aprendizagem comportamental, teoria da aprendizagem cognitiva, aprendizagem por imitação, aprendizagem com o custo de mudança.

Memória

Talvez seja o bem mais precioso no ser humano. Nela armazenamos nossos conhecimentos e experiências de uma vida inteira, crenças e valores. Recorremos a ela, sempre que necessário, várias vezes ao dia. Dessa forma, ela também é de enorme importância quando o assunto é o marketing e o comportamento do consumidor. Afinal, dependemos dela para processar todas as informações que nos chegam e para tomarmos decisões. Se os estímulos, enviados por meio dos canais de comunicação, visam despertar atenção, gerar interesse e conquistar um espaço na mente do consumidor para os produtos ou marcas, então todas as estratégias de marketing devem levar em consideração o funcionamento da memória. Nossa mente funciona como um computador numa analogia simplificada. Os estímulos e informações entram, passam por um processamento e saem em forma de decisões. Solomon (2018, p. 225) apresenta a memória como "um processo de aquisição e armazenamento de informações ao longo do tempo para que estejam disponíveis quando necessário". Existem três tipos de memória que se complementam como sugere Rocha *et al.* (2012), Solomon (2018) e que são explicadas a seguir.

Memória Imediata: registra o que acabou de acontecer e dura poucos segundos. Tem armazenamento temporário e sua duração é de menos de um segundo para visão ou alguns segundos a mais para audição.

Memória de curto prazo: tem armazenamento breve, porém maior que o da memória imediata. O tempo de armazenamento nesse caso é de pouco menos de vinte segundos, limitado e temporário.

Memória de longo prazo: considerada a memória permanente e ilimitada. Se fizéssemos novamente uma analogia com um computador, seria um de memória inesgotável.

Os cinco estágios do processo de decisão de compras

Esse modelo parte do princípio de que a tomada de decisão do consumidor segue um passo a passo racional que visa gerar maior segurança na compra e minimizar a escolha errada de um produto ou o arrependimento de tê-lo comprado. Com a chegada da internet e do universo digital todo esse processo se tornou mais fácil e o consumidor mais exigente como pode ser visto nos tópicos dedicados ao consumidor digital logo a seguir. Mas por enquanto vamos entender cada uma das etapas apresentadas na figura abaixo.

Fonte da figura: Kotler e Keller, (2018, p. 185).

Reconhecimento do problema: o reconhecimento de uma necessidade ou de um problema é o gatilho disparador de todo processo. Uma vez que haja esse reconhecimento entra em cena a motivação para resolvê-lo. Essa inquietação faz com que o consumidor inicie o caminho de busca por uma solução e para isso ele vai buscar informações.

Busca de informações: levantar informações sobre marcas e produtos, sobre como outras pessoas, que já passaram pela mesma situação, resolveram seus problemas. Os canais de pesquisa são muitos tais como: propaganda, revistas especializadas, sites, redes sociais, fóruns de opiniões e reclamações, lojas, opiniões de amigos e parentes, embalagens, amostras gratuitas etc. Uma vez realizada essa pesquisa, algumas opções e alternativas começam a despontar e às vezes até geram dúvidas sobre o que escolher. Inicia-se, então, a próxima etapa.

Avaliação das alternativas: análise racional, julgamentos equilibrados e avaliações seguras são importantes nesta fase. O consumidor precisa ser criterioso para evitar erros ou arrependimentos. Essa é a hora de avaliar e comparar atributos, funcionalidades, características, funções e benefícios desejados. Se considerarmos que existe uma infinidade de produtos chegando ao mercado todo dia com suas inovações de todos os tipos, se propondo a resolver todo tipo de demanda e soluções, o processo de avaliação não é nada fácil.

Decisão de compra: Finalmente chegou a hora de realizar a compra que vai resolver o problema da fase inicial desse processo. Aqui você já está decidido pela sua marca, produto, revendedor etc. Mas não termina aí. Depois da compra realizada inicia-se o período de uso, de ter sua real experiência como usuário avaliando se tudo aquilo que lhe gerou expectativa se confirma.

Comportamento pós-compra: refere-se ao comportamento após a efetivação da compra e uso do produto. Nessa fase estão envolvidos o período de avaliação e a possibilidade de satisfação ou de arrependimento da compra. A dissonância cognitiva é reflexo dessa situação. Ela é considerada um desconforto de viés psicológico que surge por causa da sensação de incoerência de opiniões, atitudes, comportamentos, incertezas e inseguranças quando se trata de produtos de alta complexidade tecnológica, por exemplo. Para o profissional de marketing é importante perceber que a relação com o consumidor não vai terminar após a efetivação da compra. O marketing precisa continuar gerando segurança e evitando a possibilidade do surgimento da dissonância cognitiva. Até porque o objetivo é que esse cliente continue se relacionando com a marca e que possa, um dia, repetir a compra daquela marca, produto ou na mesma empresa.

Todos esses conceitos até aqui estudados sobre comportamento do consumidor servem de base para um melhor entendimento sobre o que chamamos de consumidor digital. Novos recursos digitais facilitaram muito o processo desde a fase de reconhecimento do problema até a última etapa, que é o comportamento pós-compra. Mas agora devemos considerar o mundo digital que amplia todas essas possibilidades, concede um enorme poder ao consumidor e obriga as marcas tomarem todo cuidado do mundo já que em apenas um clique o cliente pode denegrir ou destacar uma marca ou produto numa velocidade nunca vista.

As duas figuras abaixo servem como um mapa de resumo das conexões conceituais até aqui apresentadas. Elas representam um breve resumo de como os conteúdos dos capítulos 1 e 2 se relacionam em teoria e prática. Observe a interligação dos conceitos e como os mesmos influenciam no comportamento do consumidor.

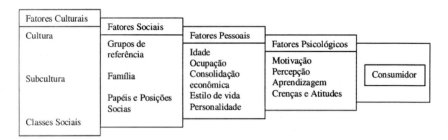

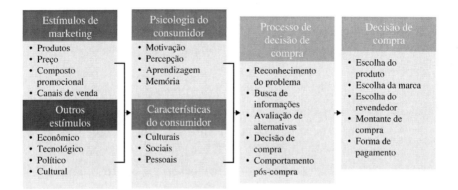

Fatores de Influência no Processo de Decisão de Compra Fonte: KOTLER, Philip; ARMSTRONG, Gary. Princípios de Marketing. 5ed. Rio de Janeiro: Editora Prentice – Hall do Brasil LTDA, 1993. Figura adaptada de Kotler e Keller (2018, p. 176) disponível em: https://www.researchgate.net/figure/Figura-1-Modelo-de-comportamento-do-consumidor-Fonte-adaptado-de-Kotler-Keller_fig1_361143136/download. Acesso 5. dez. 2022.

Conhecendo o consumidor digital

O marketing digital tornou-se uma grande ferramenta para quase tudo. Basta vermos a facilidade e velocidade como nos comunicamos com muitas pessoas ao mesmo tempo em fração de segundos. Isso sem contar o seu impacto na forma de conectar com os consumidores, de capturar informações e de fazer com que as distâncias e barreiras, que poderiam impedir a competição ampla entre concorrentes de todas as partes do mundo, deixassem de existir ou diminuíssem consideravelmente. O consumidor, em muitos casos, passa mais tempo *online* do que *off-line*. Isso implica dizer que passamos menos tempo assistindo televisão, por exemplo. Muitas empresas correram para se adaptarem a essa realidade. Canais de TV com menos estrutura financeira e alcance sentiram muito a fuga de anunciantes. Afinal, anunciar pela internet é mais barato e o alcance pode ser infinitamente superior. Se formos pensar na mídia impressa como jornais e revistas, a coisa pode ser ainda pior. Basta uma pesquisa atenta no Google para descobrir que muitas revistas e jornais pelo mundo deixaram de existir ou passam por dificuldades para atraírem anunciantes.

A internet está presente em produtos que jamais poderíamos imaginar como computadores, telefones, carros, TVs, câmeras de filmagens, refrigeradores e tantos outros. Para saber mais pesquise sobre a Internet das coisas. Para ilustrar esse poder de comunicação, de trabalho e entretenimento que a internet nos oferece, imagine se durante a pandemia do COVID-19 não existisse a possibilidade de comunicação digital, o tédio e o ócio seriam predominantes. O mundo parou, a economia global foi impactada, mas o estrago só não foi maior justamente pela condição de se fazer negócios via mundo digital, de se comunicar e buscar informações sobre a doença, sobre exames médicos realizados e também como ferramenta capaz de entreter e aliviar o estresse emocional causado pela necessidade de isolamento. A pandemia e a quarentena, juntamente com a internet e seus recursos, serviram para consolidar o trabalho remoto via *home office*. As vendas pela internet explodiram e fez crescer de maneira exponencial o trabalho dos entregadores e motoboys. Também nos fez praticar atividade física em casa solitariamente, assistir cursos, au-las, *lives* de todos os tipos, shows, peças de teatro e também transfor-mou muitas pessoas em produtoras de conteúdos e que acabaram se transformando em influenciadores digitais de uma hora para outra.

Esses exemplos servem para mostrar que os consumidores tam-bém foram impactados no estilo de vida e na forma de usarem sites e lojas virtuais para escolherem e comprarem produtos. Essa mudan-ça de comportamento não é nova, mas se agigantou nesse período pandêmico.

Esses exemplos ajudam a perceber que muita coisa mudou. Be-zerra e Da Silva (2021) descrevem outros serviços ou mudanças que atravessaram nossas vidas e as rotinas das empresas. Abaixo mencio-namos alguns deles.

- Maior velocidade na busca de notícias e informações de to-dos os tipos.
- Maior comodidade para fazer comparações de preços sem sair de casa.

- Maior facilidade para reclamar sobre atendimentos ruins ou produtos defeituosos.
- Possibilidade de pesquisar sobre a reputação de uma empresa ou marca em portais destinados a esse tipo de reclamação e denúncia.
- Possibilidade de trabalhar a distância.
- Realização de entrevista para recrutamento e seleção via computador ou celular.
- Atendimento médico e consultas terapêuticas sem sair de casa usando para isso o celular ou o computador.
- Facilidade para realização de aulas a distância, palestras e cursos.
- Velocidade na busca de informações para trabalhos escolares.
- Maior facilidade para ver filmes sem sair de casa.

Essa lista poderia ser muito maior, mas o nosso objetivo é apenas dar alguns exemplos que reforcem o entendimento do conteúdo.

Um breve olhar sobre as gerações e seus comportamentos

Um ponto a ser considerado nesse processo evolutivo do comportamento do consumidor é a diferença comportamental clara existente entre as gerações. Não vamos fazer um estudo profundo sobre gerações, mas vamos recorrer às ilustrações abaixo que servirão para mostrar as características distintas de cada uma.

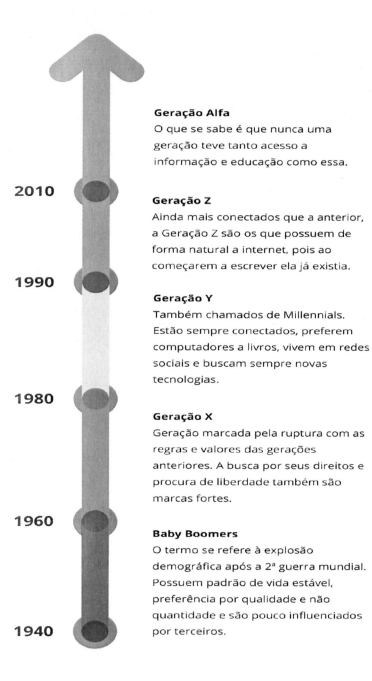

2010

Geração Alfa
O que se sabe é que nunca uma geração teve tanto acesso a informação e educação como essa.

Geração Z
Ainda mais conectados que a anterior, a Geração Z são os que possuem de forma natural a internet, pois ao começarem a escrever ela já existia.

1990

Geração Y
Também chamados de Millennials. Estão sempre conectados, preferem computadores a livros, vivem em redes sociais e buscam sempre novas tecnologias.

1980

Geração X
Geração marcada pela ruptura com as regras e valores das gerações anteriores. A busca por seus direitos e procura de liberdade também são marcas fortes.

1960

Baby Boomers
O termo se refere à explosão demográfica após a 2ª guerra mundial. Possuem padrão de vida estável, preferência por qualidade e não quantidade e são pouco influenciados por terceiros.

1940

https://neuronioadicional.com.br/tag/geracao-z/ acesso em 25 ago. 2022

	BABY BOOMER de 1940 à 1965	GERAÇÃO X de 1966 à 1978	GERAÇÃO Y de 1979 à 1994	GERAÇÃO Z de 1995 à 2010	GERAÇÃO ALPHA a partir de 2011
Quem são?	Nascidos após II Guerra até a metade da década de 1960. A designação vem da expressão "baby boom", que representa a explosão na taxa de natalidade nos Estados Unidos no pós-guerra.	Filhos dos "baby boom", grupo de jovens, sem identidade aparente, que enfrentariam um mal incerto, sem definição, um futuro hostil. Nomeada como X por causa da queda da taxa de natalidade.	Também conhecida por geração do Milênio ou da Internet, devido ao fato de serem os primeiros a nascerem num mundo totalmente globalizado.	Geração que corresponde à idealização e nascimento da World Wide Web, criada em 1990 por Tim Berners-Lee. A grande nuance dessa geração é "zapear".	Pessoas muito mais independentes, com potenciais e habilidades de adaptações a novas tecnologias e facilidades de resolver problemas muito mais que seus pais e avós.
Fatos mais influenciadores e marcantes	Fim da II Guerra Mundial	• Movimento hippie • Revolução sexual • Aids • Televisão à cores • Auge do cinema	• Computador, impressora, internet, e-mail, celular • Globalização	• Era 100% Digital • Redes Sociais • Mensagens instantâneas • Teoria de Gênero	• Internet das coisas • Inteligência artificial
Características principais	Educação rígida, tradicional e conservadora, de fortes valores familiares relativos ao casamento, filhos, segurança, compra da casa, do carro, a procura pela estabilidade.	Busca da individualidade sem a perda da convivência em grupo. Maturidade e escolha de produtos de qualidade e inteligência; Ruptura com as gerações anteriores e seus paradigmas; Busca maior por seus direitos; Preparação e preocupação maior com as gerações futuras; Procura a liberdade.	Superexposta a um novo nível de informação devido aos avanços tecnológicos, a comunicação seu ponto forte. Afastada dos trabalhos braçais e sobrecarregada de "prêmios" e facilidades materiais, aparente compensação a partir dos pais "X". Novo significado sobre a visão de trabalho versus plano de carreira.	Geração tida como a mais tolerante que já existiu, mais aberta ao apoio às pluralidades religiosas, sociais e igualdade de gênero. Possui responsabilidade social, ansiedade extrema, menos relações sociais, desapego das fronteiras geográficas e necessidade de exposição de opinião.	Composta por crianças que desde muito pequenas, estão inseridas em um cotidiano rodeado pela tecnologia. Em pleno desenvolvimento, é precoce afirmar o que pensam, mas a tendência indica que sejam muito mais independentes que suas antecessoras, e com habilidade de adaptação, inovação como nunca visto.

Adaptado de líder treinador: https://www.lidertreinador.com.br/2019/06/geracoes-e-suas-principais-caracteristicas/ acesso em 25 ago. 2022

Perceba que, intrinsecamente, existe um desafio muito grande para um gestor de marketing que é o de entender bem as características de cada geração para desenvolver uma comunicação bastante efetiva. Muitas empresas vendem produtos para gerações diferentes e dessa forma não podem correr o risco de errar no tom da comunicação, na linguagem e canais mais adequados. Sobre essa questão, Kotler, Kartajana e Setiawan (2021, p. 34) afirmam que os profissionais de marketing se deparam com o desafio de atenderem as cinco gerações, sendo que as quatro primeiras compõem a atual força de trabalho e consumo. Para os autores, ter a capacidade de observar e entender o mercado pela lente geracional ajudará na compreensão da melhor forma de implementar o Marketing 5.0 tendo em vista o uso de novas tecnologias.

Algumas características da geração Y se estendem para geração Z e servem para melhor compreensão das preferências e comportamentos como pode ser visto nos exemplos de Bezerra e Da Silva (2021, p. 39) a seguir.

- Acreditam na força do *streaming*.
- Ao escolher um produto, pautam-se nas críticas e opiniões nas redes sociais e não nas mídias tradicionais.
- Buscam a veracidade dos fatos para que não sejam trapaceados.
- Preferem manter relação com marcas que mais se aproximam de seus valores e modo de ver o mundo.
- Consomem com rapidez novos parelhos eletrônicos ou outros tipos de novidades tecnológicas disruptivas.

Perfil do Consumidor Digital

1. Exigente

Diante de todos os recursos e ferramentas de comunicação e pesquisa, o consumidor digital tornou-se bastante exigente e conhecedor dos seus direitos. Também espera que suas marcas preferidas estejam preocupadas com o bem estar social e que se alinhem com os seus valores. Esse consumidor sabe do poder que tem no que se refere a quantidade de fornecedores, marcas e produtos que o corteja tentando chamar sua atenção e, por que não dizer, tentando conquistar uma fatia do seu bolso e um espaço em sua mente.

2. Curioso

A curiosidade se tornou quase que uma marca registrada do consumidor moderno. Antes de realizar uma compra, inicia uma jornada de pesquisa para sanar toda e qualquer dúvida sobre a reputação do produto ou marca, preço, condições de pagamento, características técnicas e diferenciais. Gosta de saber o que andam dizendo os outros usuários em sites, no Google, redes sociais e portais de opiniões ou reclamações. Essa curiosidade e inquietação servem como um mecanismo de defesa capaz de minimizar possíveis erros ou arrependimentos da escolha feita.

3. Interativo

Bastante interativo, o consumidor digital troca informações com outros consumidores, emite opinião sobre suas compras, forma de uso, descobertas, decepções e alegrias. Participa de fóruns e discussão sobre tendências e novidades. Faz comentários em redes sociais, endossam opiniões favoráveis sobre produtos, marcas, valores e comportamentos ou engrossam o coro dos descontentes. Calado é que ele não fica e espera o retorno para suas manifestações sempre que possível.

4. Impaciente

Por terem tanto poder e opções de fornecedores, os consumidores digitais se tornaram impacientes. Já que vivem num mundo de alta facilidade de comunicação eles esperam respostas rápidas para suas dúvidas, demandas e resolução de problemas. As empresas mais atentas procuram atendê-los com rapidez porque sabem que uma reclamação não atendida, uma troca de produtos defeituosos não realizada pode causar um estrago muito maior do que imaginam.

5. Omnichannel

Esperam que as empresas sejam *omnichannel* oferecendo diversos canais diferentes e simultâneos de comunicação. Tendo sua origem no Latim, a palavra *omni* significa inteiro. Já a palavra inglesa *channel* pode ser traduzida como canal. Os consumidores gostam de se comunicar de diversas formas e canais, também esperam que as empresas ofereçam diversos canais para que isso aconteça. Essa integração de canais deve se alinhar com a realidade do cliente que pode usar várias telas durante o dia, como um computador, um telefone ou um *tablet*. O importante é que ele consiga usar qualquer um desses aparelhos a qualquer hora para se comunicar ou comprar. Ele deve conseguir iniciar uma compra por um aparelho e terminar no outro, por exemplo. Pode escolher determinado produto no aplicativo, mesmo estando dentro de uma loja física, e pedir que o mesmo seja entregue em sua residência. Deve ser capaz de fazer uma reclamação e acessar sua resolução em qualquer outro canal oferecido pela empresa. É importante que esses canais estejam integrados para que essas tentativas de comunicação, informações e dados não se percam. Um bom exemplo dessa preocupação por parte das lojas é a possibilidade do consumidor iniciar uma compra por uma loja virtual e retirar o produto na loja física.

Um novo processo de compra

Hoje, normalmente, antes de realizar uma compra pesquisamos na internet, mas nem sempre foi assim. Primeiro pelo fato de que anos atrás não existia a internet. Segundo porque o poder estava nas mãos de quem vendia. Era uma época de poucos vendedores e muitos compradores. Ao longo do tempo o poder foi mudando de mãos passando para o consumidor. Essa combinação de fatores mudou inclusive o processo de compra de alguma forma.

A tomada de decisão da compra de um produto está na palma da mão e acontece a qualquer hora ou lugar. Foi-se o tempo em que era necessário ir ao ponto físico de venda. Esse novo modelo passou a ser chamado nos estudos relativos ao marketing e ao comportamento do consumidor realizados pelo Google de Momento Zero da Verdade ou ZEMOT. Os exemplos abaixo, retirados do próprio estudo do Google, ilustram muito bem a ideia do momento zero da verdade.

Um momento zero da verdade é:

- Uma mãe está ocupada dentro do carro procurando descongestionantes no celular enquanto espera para pegar seu filho na escola.
- Um gerente de escritório em sua mesa, comparando preços de impressoras a laser e custos de cartuchos de tinta antes de ir até à loja de materiais de escritório.
- Um estudante, em um café, verifica as análises e classificações dadas por outros usuários de um hotel no qual ele pretende se hospedar.
- Uma jovem em seu apartamento, pesquisando na internet detalhes interessantes sobre um novo rapaz antes de um encontro às cegas.

Mas antes existia também o momento da verdade, mas esse primeiro momento era o resultado de um comportamento padrão de escolhas dos produtos que acontecia diretamente diante das prateleiras de exposição do produto como descreve a pesquisa do Google sobre o ZEMOT "durante décadas nós praticamos nossos trabalhos nos concentrando em três momentos críticos: estímulo, prateleira e experiência". O exemplo a seguir e a figura abaixo demonstra esse processo na prática.

Exemplo 1: processo de compra padrão

Estímulo: um jovem está assistindo a um jogo de futebol e vê uma propaganda de telefone. Ele pensa, "parece um bom aparelho".

Prateleira: ele vai até a sua loja de produtos de telefonia favorita, onde vê um telefone maravilhoso com ótimos recursos e uma grande tela. A embalagem é excelente e vem cheia de produtos complementares como fones de ouvido, carregador, suporte para o aparelho e flanela de limpeza. Um vendedor jovem responde todas as suas perguntas. Satisfeito, ele realiza compra.

Experiência: chegando a casa ele começa a usar o aparelho testando todas as possibilidades, tirando fotos, vendo vídeos e navegando nas redes sociais. Tudo funciona bem conforme a promessa gerada no anúncio. Tudo perfeito e com um final feliz.

Modelo tradicional ilustrativo

Estímulo | Primeiro momento da verdade (Prateleira) | Segundo momento da verdade (Experiência)

Fonte: ZMOT

Partindo do exemplo anterior, agora é possível perceber o novo modelo mental de compra que se configura com a chegada da internet e todos os seus recursos digitais facilitadores de novas formas de pesquisas e capaz de influenciar o comportamento do consumidor digital.

Exemplo 2: novo processo de compra

O jovem ainda assiste ao futebol e ainda vê seu comercial de TV. Mas agora ele pega seu laptop, telefone ou tablet e procura "análises de telefone modelo X da marca Y". Ele analisa os comentários dos usuários e visita dois outros sites. Ele entra no Twitter e posta: "Alguém tem o telefone X?". Ele entra no YouTube e pesquisa "demonstrações de uso do telefone X ". Antes de o jogo terminar — e antes de ele chegar até a prateleira da loja — ele está pronto para tomar uma decisão.

Fonte: ZMOT

Resumindo

Os exemplos acima servem para encerrarmos este capítulo sobre o comportamento do consumidor e sobre as características e mudanças do comportamento de compra na era digital. Esse panorama permite que empreendedores, profissionais de marketing, publicidade, comunicação e de outras áreas tenham um panorama das mudanças acontecidas ao longo do tempo e também contribui para que os mesmos possam desenvolver estratégias de marketing com maior segurança. Os conteúdos aqui abordados permitem também que os interessados possam trilhar caminhos que os levem ao aprofundamento de cada um dos conceitos. Nossa intenção aqui não é a de esgotar o assunto, até porque não seria possível tamanha a infinidade de ideias, conceitos, teorias, pesquisas e autores sobre o tema, mas o que aqui se encontra registrado já permite uma visão ampla sobre o comportamento do consumidor.

CAPÍTULO 4
PLANEJAMENTO DE MARKETING
(Ferramenta de análise e planejamento – do tradicional ao marketing digital)

Começando a conversa

Planejar, planejar e planejar. Talvez essa seja a tônica para o desenvolvimento de atividades, estratégias e táticas de marketing assertivas. As etapas precisam ser seguidas de maneira organizada e consciente para que as coisas aconteçam de forma como foram planejadas.

Agora que você já tem uma boa ideia sobre o que é o marketing, os principais conceitos, sobre mercado, comportamento do consumidor e universo digital entre outros, já podemos falar sobre o planejamento de marketing, plano de marketing e as devidas características e funções de cada um.

Um bom planejamento está ligado a uma estratégia que vai nortear os caminhos e ações a serem desenvolvidas e praticadas. Mas nesse caso, vale a pena conferir o que Ansoff, (1977, p. 101) considera como estratégia. Para ele, é "um conjunto dos principais objetivos, propósitos e metas, e as políticas e planos essenciais para alcançar essas metas, estabelecidos de tal forma que definam em que classe de negócios a empresa está ou que está".

Rocha, Ferreira e Silva (2012, p. 485) descrevem que a estratégia:
- se constitui em um conjunto de guias para ação, mais ou menos detalhados.
- é uma decisão estratégica precede a ação.
- decisão estratégica é explícita e planejada.

Os autores ainda apresentam mais adiante no mesmo livro algumas definições que contribuem para melhor entendimento dos conceitos sobre os quais estamos falando e que valem a pena serem conferidos.

- **Planejamento:** é uma ordenação das ações a serem desenvolvidas por determinada organização no decorrer do tempo e dos recursos necessários para realizar estas ações.
- **Plano:** é o documento formal que descreve, em maior ou menor grau de detalhe, estas ações, seus tempos de realização e recursos necessários.
- **Planejamento estratégico:** é a ordenação da estratégia no tempo
- **Planejamento tático:** é a ordenação tática que operacionaliza tudo que foi planejado.

Um roteiro para o Plano de Marketing

Falando especificamente sobre o plano de marketing que servirá como um roteiro que poderá ajudar no fortalecimento de uma marca, para o lançamento, para ações de marketing digital. Esse plano deve ajudar a empresa na busca de sucesso e crescimento com ações mais assertivas.

Gabriel e Kiso, (2020, p. 44) apresentam um roteiro reproduzido abaixo, que não vamos aprofundar, mas que já serve de referência se o desejo do leitor for o de ampliar seus conhecimentos sobre o tema.

Etapas:

1. **Introdução:** um resumo do plano de marketing com motivos para elaboração do mesmo.
2. **Análise do macroambiente:** verificação das variáveis políticas, econômicas, sociais e culturais, demográficas, tecnológicas e naturais (provenientes da natureza).
3. **Análise do microambiente:** mercado, concorrência e público-alvo.
4. **Análise do ambiente interno/produto:** análise de poder da marca, departamentos, capacidade produtiva, qualidade do

atendimento, adequação do mix de marketing, sortimento e qualidade dos produtos etc.

5. **Matriz SWOT:** nessa matriz, as informações levantadas são reunidas e distribuídas entre os pontos fortes e pontos fracos a partir das informações do ambiente interno e também nas oportunidades e fraqueza que são preenchidas a partir das informações e levantamentos do macroambiente e do microambiente.

6. **Objetivos e metas de marketing:** desenvolver um plano de marketing sem metas e objetivos não faz sentido e dessa forma, é importante determiná-los de forma clara e consciente. Os objetivos podem envolver quaisquer aspectos de marketing como lançar um produto, reforçar uma marca, aumentar a presença digital etc. Mas nos casos das metas, é crucial que sejam quantificáveis como, por exemplo: aumentar em X% o *market share* de determinados produtos, aumentar a produtividade dos vendedores em X% em X meses etc.

7. **Estratégias de marketing (4Ps):** se as metas e objetivos foram definidos é importante pensar o que vai ser feito dentro do mix de marketing para alcançá-las. Então, nesse estágio do plano de marketing, é importante traçar as estratégias que envolverão o **Produto**, o **Preço**, a **Praça** e a **Promoção.** As perguntas a seguir podem ajudar para um melhor entendimento e aplicação. Vai ser necessário reformular o produto? lançar nova embalagem? Para alcançar a meta vai ser preciso lançar um novo produto? Vai aumentar ou diminuir preços? Vai mudar a forma de pagamento ou parcelamento? Quanto aos pontos de vendas, vai ser necessário aumentar o número de lojas? Vai ser criada uma loja virtual? Novos canais de distribuição serão criados? Vai alterar a estrutura logística? Quando se pensa na promoção, vai ser necessário fazer mais ações de propaganda, promoções de vendas ou aumentar a equipe de vendas? Vai usar mais comunicação direta como mala direta, emails e outras ferramentas de marketing direto? Vai recorrer a relações públicas na venda pessoal?

8. **Planos de ação (tático-operacional):** hora de colocar a mão na massa operacionalizando tudo que foi pensado e colocado no plano até agora. Tomando como referência a etapa anterior (etapa 7), para cada ação sugerida relacionada aos exemplos dados nas perguntas apresentadas, deve-se ter em mente os seguintes pontos: o que deve ser feito, como deve ser feito, por quem deve ser feito, quando deve ser feito, qual o custo necessário para ser feito e em quanto tempo deve ser feito.

9. **Orçamentos e cronogramas:** Tudo tem um custo e as verbas não são infinitas. Por essa razão é importante ter total controle de como serão alocados os recursos. Ter um cronograma detalhado ajudará no acompanhamento de forma cronológica, física e financeira. Ter total controle pode ajudar na correção de rota e realocação de recursos, por exemplo.

10. **Avaliação e controle:** não existe boa gestão sem avaliação e controle permanente. Partindo deste princípio, todas as ações devem ser passíveis de serem mensuradas com o uso de indicadores que permitam controle completo de tudo que foi planejado. Vale lembrar que o plano é um documento "vivo" e que não é definitivo. Isso significa que pode e deve sofrer ajustes futuros se necessário for.

Plano de Marketing Digital

Já vimos que planejar é superimportante e que pode garantir o sucesso das estratégias de marketing de uma organização. Também sabemos que é impossível pensar em fazer negócios sem considerar o universo digital e todas as oportunidades por ele disponibilizadas. Mas o mundo digital também traz enormes desafios para quem nele pretende atuar. A concorrência é enorme em função das barreiras à entrada serem baixas, a volatilidade é gigante, o consumidor não aceita ser desrespeitado e, em fração de segundos, com alguns cliques, dispara sua indignação e contrariedade para milhões de pessoas. Dito isso, chama-se atenção para a necessidade de se planejar muito bem como se pretende atuar no mundo virtual. Logo, o planejamento de marketing digital torna-se uma ferramenta importante e que pode minimizar as possibilidades de fracassos das ações pretendidas.

Nesse contexto descrito, toda experiência é válida. Como sugere Vaz (2010), todo conhecimento adquirido no marketing tradicional será importante como uma forma de somar esforços.

O plano de marketing digital pode ser usado para reforçar uma marca, lançar um produto, uma campanha específica, para o relançamento de um produto reformulado, para aumentar a presença digital etc. Ele é fundamental e pode ser usado por empresas de todos os portes. O que vai determinar o seu desenvolvimento são as estratégias e os objetivos organizacionais que terão forte influência no cumprimento da visão e missão.

Passo a Passo de um Plano de Marketing Digital

Agora, vamos mostrar a estrutura de um **Plano de Marketing Digital**. A ideia de publicar este roteiro adaptado é a de permitir que o leitor possa colocar em prática de forma simples. Vale ressaltar que se trata de um roteiro utilizado por uma agência de marketing na sua rotina diária de atendimento aos seus clientes. Isso permite, ainda mais, uma aproximação entre a teoria e a prática. Observe que, em grande parte, ele não se diferencia do roteiro anterior para o desenvolvimento de um plano para o marketing *off-line* ou tradicional como alguns preferem chamar.

1. Descrição do mercado

Trata-se de uma etapa onde se olha para o mercado com visão holística que permita ter uma opinião embasada em fatos e dados sobre o mercado de atuação em que a empresa está inserida. Para facilitar seu entendimento, pense numa situação em que alguém lhe peça para falar sobre o seu mercado de atuação e você prontamente explica sobre características do mercado, crescimento, concorrentes etc. Dessa maneira você traçaria um panorama geral. Ou seja, descreveria o seu entendimento e conhecimento do mercado.

A Matriz SWOT como ferramenta de análise

Uma boa ferramenta capaz de ajudar neste raio-x do mercado é a matriz SWOT sobre a qual falamos um pouco acima. São quatro fatores divididos pontos fortes e fracos que se referem ao ambiente interno da empresa e ameaças e oportunidades que estão ligados ao ambiente externo.

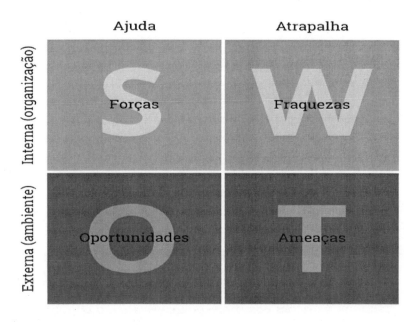

MATRIZ SWOT Disponível em https://blog.runrun.it/matriz-swot/ Acesso 5 de dez. 2022

Fatores Internos

Forças: descreve pontos que podem ser considerados diferenciais da empresa. Aquilo que destaca a empresa frente aos concorrentes e ao mercado.

Fraquezas: pontos que podem ou devem ser melhorados são considerados fraquezas. Lembre-se que estas fraquezas podem atrapalhar no alcance das metas e objetivos e podem representar uma oportunidade para que um concorrente tente tirar proveito. Assim como numa luta, as fraquezas podem tornar a empresa mais vulnerável aos ataques dos concorrentes.

Fatores externos

Oportunidades: as oportunidades podem surgir ou serem identificadas a partir dos seus pontos fortes. Mas lembre-se que elas estão da porta para fora. Estão relacionadas aos fatores externos. Seus pontos fortes devem lhe ajudar a detectar oportunidades no mercado.

Ameaças: as ameaças, assim como as oportunidades, estão relacionadas aos fatores externos. Se as oportunidades representam a chance de sucesso, as fraquezas podem prejudicar ou comprometer a competitividade da empresa. Algumas variáveis incontroláveis como mudanças políticas, crises econômicas, desastres ambientais, rápidos avanços ou mudanças tecnológicas podem virar uma ameaça e, de alguma forma, prejudicar o seu negócio.

2. Definição de Personas

Antes de qualquer coisa, vale ressaltar que a persona é diferente do perfil do consumidor. Ainda que existam algumas similaridades, a definição de personas procura aprofundar um pouco mais esse perfil. Quanto mais detalhado em gostos, características e comportamentos melhor será o perfil e mais assertivas serão as ações que dela decorrerem. Informações como nível de engajamento com produtos, marcas de preferência, frequência de compra dos produtos e serviços que mais gosta e como usa e interage com redes sociais entre outras podem ser identificadas e aproveitadas. O máximo de informações demográficas como idade, estado civil, formação acadêmica, gênero e renda vão ajudar a entender e definir melhor essa persona ou, como também é chamado Perfil do Consumidor Ideal. Veja algumas dicas interessantes a serem consideradas na avaliação e construção da persona.

- Qual a idade e o sexo?
- Do que tem medo, vontade, sonhos etc.?
- O que lhe deixa irritado?
- O que lhe deixa frustrado?
- O que mais desejam?

- O que mais valorizam em um produto?
- Quais os tipo de influências mais os afetam?
- O que ganha ou perde em não fazer negócio com sua empresa ou não comprar o seu produto?
- Quais os sites ou pratos que mais navega, o que mais curte e compartilha etc.?

A ideia por trás do levantamento dessas informações é a de criar um personagem fictício que posso representar o melhor modelo de cliente que servirá de referência para as ações que visem entender como a empresa vai falar e para quem pretende vender.

A construção da persona ajudará a compreender a jornada de compra dos clientes da empresa e no desenvolvimento de uma comunicação bastante assertiva minimizando erros que podem comprometer toda campanha de marketing e o desperdício de verbas.

3. Identifique os seus concorrentes

Identificar e acompanhar atentamente os concorrentes são atividades básicas e que devem ser feitas permanentemente. Esse acompanhamento garante um grande aprendizado sobre o que eles fazem de melhor, em que eles se destacam mais do que sua empresa, como está o desempenho de vendas deles, como se comunicam com o público de interesse, o que fazem para gerar tráfego para o site e redes sociais, as palavras-chave mais usadas e tantas outras informações. Em se tratando de Marketing Digital, os concorrentes estão por todos os lados. Também podem existir concorrentes indiretos que, de alguma forma, disputam atenção e dinheiro dos mesmos clientes que sua empresa, mas o seu foco deve ser aqueles concorrentes diretos de maior expressividade ou os que mais brigam por uma fatia do mercado que pode ser a sua e vice versa.

Existem ferramentas digitais que podem ajudar nesse processo de análise de concorrentes e das estratégias por eles praticadas. Uma das principais ferramentas utilizadas para isso é a SEMRush que pode oferecer relatórios ricos de informações estratégicas e que oferece alguns serviços gratuitos. Entre serviços gratuitos e pagos estão: análise de tráfego, pesquisa competitiva, pesquisa de palavras-chave, monitoramento de posições, SEO e outros. Como se pode perceber, olhar sempre o que os concorrentes estão fazendo pode ser a diferença entre o sucesso e o fracasso.

4. Metas e Objetivos

Como já vimos, a definição de objetivos e metas precisam ser claras e alcançáveis. É importante que sejam coerentes com todos os dados levantados e que servirão de base para definição das mesmas. Muito comum no Marketing Digital, o modelo SMART pode ser uma ótima alternativa a ser seguida. Neste modelo as metas precisam ser **específicas, mensuráveis, alcançáveis, relevantes e temporais.** Lembre-se que as metas precisam ser do conhecimento de todos das equipes envolvidas, de forma que os esforços sejam concentrados na mesma direção.

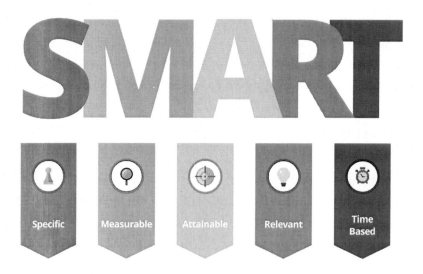

Fonte: imagem: Freepik.com". Esta imagem foi criada com os recursos de freepik.com

5. Mix de Marketing

Agora que você chegou até aqui, já tem bastante conhecimento sobre o Mix de Marketing ou, também conhecido como, 4Ps. Sugerimos que, em caso de dúvida, volte ao primeiro capítulo para rever as explicações e exemplos dados para relembrar tudo sobre o Mix. Mas no marketing digital tem se recomendado que mais um P seja considerado ou acrescido que é o 5° P de pessoas.

Sobre os 4Ps anteriores já estudamos bastante, mas o que exatamente representa esse 5° P? Representa todo cuidado com as pessoas que estarão envolvidas na busca dos resultados que foram planejados. O público interno também pode levar uma estratégia ao fracasso. Desta forma, todo cuidado é pouco. Para garantir que, em se tratando das pessoas, tudo funcione da melhor maneira possível, atente para alguns detalhes importantes que são:

- Tenha em mente o perfil ideal do tipo de colaboradores mais adequado aos objetivos e metas.
- Tenha certeza de que todos entenderam muito bem onde se pretende chegar.
- Treine todos e não poupe esforços na capacitação do time.
- Mantenha as pessoas motivadas.
- Não tenha medo de substituir alguém se for necessário.

6. Defina os canais e o plano de ação

Chegamos ao ponto em que é preciso partir para a prática. Hora de pensar onde sua marca estará no universo digital. Em que redes sociais ou plataformas de negócios sua marca ou produtos se pretendem focar. O Marketing Digital permite que se esteja em vários lugares ao mesmo tempo, mas é importante lembrar que escolher estar em todos os lugares aleatoriamente não é sinônimo de sucesso. Tal atitude pode representar um grande risco. Não adianta tentar ser tudo para todos e acabar não sendo nada para ninguém.

A esta altura você já sabe bastante sobre a sua persona e tem uma grande noção sobre quais redes sociais ela mais utiliza e os conteúdos que mais podem interessá-la. Sabe também que é importante manter-se em contato com ela e que a oferta gratuita de conteúdo relevante é um ótimo caminho. Essa estratégia se relaciona com as ações de *inbound marketing* onde o conteúdo é rei e grande responsável por ajudar a estabelecer uma relação do consumidor com a marca. Na hora de se colocar em ação o plano de marketing digital alguns tipos de conteúdos podem ser determinantes para a captação de *leads e* a conversão desses *leads* em consumidores, alimentar seu banco de dados, reforçar a marca e, de modo geral, alimentar o funil de vendas. Para isso, é importante ter materiais de alta qualidade e ótimos conteúdos que ajudem nesse processo. Entre os materiais que podem cumprir este papel de ajudar na captação dos *leads* estão:

E-book: são livros digitais disponibilizados pela internet com conteúdos específicos e relacionados às áreas de interesse dos *leads* e consumidores da empresa identificados durante a construção das personas e nos processos de interação. Geralmente são compostos de conteúdos mais profundos com dicas, sugestões, caminhos para soluções de problemas, ensinamentos relevantes capazes de fazerem a diferença ou contribuírem de alguma forma para mudar a rotina, a vida profissional ou pessoal de alguém. Eles ajudam a construir gatilhos de autoridades, a conquistar confiança, audiência e simpatia.

Webinar: é uma forma de oferecer, gratuitamente, palestras e cursos *online.* Todo conteúdo oferecido numa *webinar* também deve ser relevante, assim como no *e-book*, já que os objetivos são praticamente os mesmos.

Modelos de Planilha: modelos de planilhas eletrônicas prontas são ótimos para resolverem problemas e são capazes de facilitar a vidas dos clientes ou futuros clientes. Nem todo mundo tem conhecimento, facilidade ou tempo para desenvolver planilhas que resolvam problemas específicos e esse pode ser um caminho de aproximação bastante rico.

Vídeos de aulas ou dicas: gravar e disponibilizar vídeos curtos ou aulas mais longas com assuntos do interesse do seu público também é uma ferramenta de grande valia.

Templates prontos: também facilitam a vida dos potenciais clientes assim como as planilhas.

Blogs: ótimo para oferecer conteúdos diversos em forma de textos, os blogs continuam sendo uma ferramenta muito prática de grande alcance. Mas tome cuidado, não coloque um blog no ar se você não pretende ou se não tiver condições de atualizá-lo com frequência.

7. Definição de métricas e KPIs como fatores críticos de sucesso

Existem atividades que são críticas para o sucesso de qualquer estratégia. Fatores críticos ou fatores chaves de sucesso são considerados ações primordiais de serem realizadas para que tudo funcione bem. Resumindo, não os deixe de fazer. KPI é a sigla em inglês para *Key Performance Indicator,* ou, traduzindo para o português, Indicador Chave de Desempenho. Os KPIs indicam os valores quantitativos fundamentais que vão ajudar a medir os resultados das principais ações e processos internos possibilitando acompanhar e avaliar se o desempenho está de acordo com o que foi planejado e definido na elaboração da estratégia.

Algum tipo de métrica deve ser utilizada permanentemente como uma referência que norteará as possíveis correções de rota ou redefinição de estratégias e táticas. Por exemplo, de que adiantaria ter um site, fazer ações para aumento de tráfego e não avaliar diariamente o número de visitantes, se vieram de alguma rede social, de uma busca orgânica, de uma campanha de Facebook ou Google Ads?

De acordo com os objetivos definidos, são escolhidos os KPIs e eles vão indicar se as metas do Plano de Marketing serão alcançadas ou se o caminho que leva até elas é o mais adequado.

Um exemplo de KPI é o ROI (retorno sobre o investimento). Com ele, você consegue analisar e identificar o quanto investiu e qual foi o lucro gerado por uma ação feita pela sua empresa. Confira alguns exemplos de KPIs abaixo:

Métricas gerais (exemplos):
- Taxa de *Churn* (número de clientes perdidos);
- MRR (Receita Mensal Recorrente);
- Fluxo de Caixa.

Métricas específicas (exemplos):
- Custo por *Lead*;
- Taxas de conversão;

- Custo de aquisição de clientes;
- Taxa de cliques (CTR).

Outros exemplos para melhor compreensão
- Se o número de visitantes do site está subindo;
- Origem do tráfego;
- Assinantes do blog;
- Visitantes que interagiram com o post;
- O número de visualizações em um post;
- Quais as páginas que foram mais acessadas;
- Quais as palavras chaves escolhidas para encontrar a página da empresa;
- Ranqueamento da página da empresa comparada com as outras.

Roteiro adaptado de: https://www.agenciatupiniquim.com.br/blog/plano-de-marketing-digital/#6

Resumindo...

Como foi visto, ter um Plano de Marketing Digital é primordial para se ter noção do que fazer, de como fazer, quando fazer, porque fazer e como avaliar o que está sendo feito quando o assunto for investir tempo e dinheiro para fazer negócio no universo digital.

Combine os conhecimentos, técnicas e ferramentas do marketing tradicional e do marketing digital para ser mais assertivo. Não acredite em teorias ou discursos que apontam para a "morte do marketing tradicional".

Esse capítulo apresentou uma base teórica capaz de lhe permitir colocar em prática tudo que aqui foi ensinado e também aprofundar suas pesquisas sobre planos de marketing se assim desejar.

Portanto, mãos à obra e boa sorte!

CAPÍTULO 5

A COMUNICAÇÃO COMO FERRAMENTA ESSENCIAL E ESTRATÉGICA DO PLANEJAMENTO DE MARKETING

Começando a conversa

Sabemos que a internet e a globalização transformou a forma como as pessoas vivem, se relacionam, consomem e interagem. Quando ouvimos aspectos que se referem à "Era da Informação" podemos dizer que estes se relacionam ao fato de que a humanidade está agora quase que inteiramente conectada.

Acompanhando a dinâmica evolutiva, as empresas e marcas se relacionam e conversam com seus clientes em todos os pontos de contato possíveis, direcionando seus produtos e serviços como soluções de consumo que atendem às necessidades, desejos, preferências e conveniências.

Para conduzir as empresas na oferta dessas soluções, o marketing precisou acompanhar todas as mudanças para que a conexão com os públicos possa acontecer de forma eficiente, eficaz e rentável.

As mudanças ocorreram nas relações, no consumo, nas empresas, no mercado, e a evolução do marketing teve o grande papel de transformar esses aspectos evolutivos em condições estratégicas de sobrevivência para as empresas.

Já parou para refletir sobre os impactos, por exemplo, da internet no processo de jornada de compra do consumidor? Este e outros aspectos fizeram com que o Marketing conduzisse do tradicional ao digital todos os elementos essenciais para o desenvolvimento e crescimento das relações mercadológicas entre empresas, marcas e públicos.

Neste capítulo vamos caminhar juntos pelas veredas do marketing digital, sob a perspectiva da comunicação estratégica no planejamento de marketing.

Vivemos em sociedade e buscamos nos conectar com ela em todos os aspectos de nossas vidas. Nas relações pessoais, nos negócios, no trabalho, no entretenimento e claro, no consumo.

Mas qual seria então o perfil deste novo consumidor ou consumidor digital?

Para compreender melhor este perfil vamos inicialmente relembrar os conceitos relacionados ao comportamento do consumidor no marketing tradicional vistos no capítulo 3:

A formação da jornada de compra é pautada nas influências externas e internas, que incidem sobre o indivíduo. E assim ele forma a sua consciência de consumo através de estímulos recebidos por grupos de referência, artifícios perceptivos, relações de aprendizado, experiências de memória, entre outros. Diversos fatores sociológicos e psicológicos contribuem para os diferentes padrões de comportamento do consumidor.

Estes fatores combinados aos seus valores e crenças constroem a sua autoimagem e estilo de vida. O processo estendido de decisão de consumo mostrado na imagem a seguir é composto de uma sequência de atividades: reconhecimento do problema, busca de informações, avaliação e seleção da marca, escolha da loja e compra, e processos de pós-compra.

Comportamento do consumidor

Fonte: Mothersbaugh, David L.; Del I. Hawkin. **Comportamento do consumidor:** construindo a estratégia de marketing, 2019, p. 321.

Observando as características do universo digital e considerando as etapas do processo de decisão de compra, entendemos que a busca por informações se tornou muito mais ágil e precisa com a utilização da internet, e o volume de informações à disposição do público se tornou infinitamente maior.

Em uma velocidade muito rápida e sem qualquer esforço de deslocamento físico ou geográfico, utilizando um dispositivo móvel sem sequer sair da própria cama, o público consumidor consegue ter acesso a diversos sites de fabricantes, distribuidores, lojas, e obter informações relevantes, fóruns de discussão e compartilhamento de experiências indicando as vantagens e desvantagens de cada oferta de produto, ou serviço consultado. É possível ainda analisar o diferencial, a imagem e a reputação das marcas e empresas, e consultar o índice de satisfação e de respostas a outros clientes.

Toda essa dinâmica evidencia a importância da comunicação eficaz no planejamento de marketing, visto que a jornada de compra já se inicia exigindo das empresas ações estratégicas para uma presença digital eficiente e capaz de conduzir e encantar o consumidor durante todas as etapas. Não basta apenas apresentar informações relevantes sobre seus produtos e serviços. É preciso trabalhar todos os elementos necessários para a tomada de decisão do consumidor promovendo uma experiência positiva e transformando interesse e desejo em ação.

Vamos agora considerar os aspectos do ambiente do marketing digital, partindo das premissas dos ambientes de marketing.

Recordando que os ambientes de marketing contemplam todas as **forças externas ou internas que coexistem no mercado que afetam os negócios da empresa**. Portanto, representam também todos os fatores que precisam ser analisados e considerados no planejamento estratégico e nas decisões de marketing.

Os ambientes de Marketing

Fonte: Autora CristiasneThiel, disponível em Como o Ambiente de Marketing Influencia o Sucesso da Estratégia (cristianethiel.com.br)

Considerando o macroambiente, observamos os fatores sociais, culturais e éticos, além dos ambientes político, tecnológico, demográfico, natural e econômico.

As decisões para uma comunicação eficaz no ambiente do marketing digital devem considerar dentre os fatores sociais e culturais aspectos como, por exemplo, acessibilidade à informação e conexão, hábitos e habilidades dos consumidores no que tange a relações sociais e ao uso de tecnologias. Quanto aos fatores éticos as questões recaem principalmente sobre o compartilhamento e proteção de dados, invasão e respeito da privacidade, e coerência diante dos valores e crenças do público-alvo.

Ainda no macroambiente de marketing, ao considerar os ambientes político, tecnológico, demográfico, natural e econômico, a complexidade da comunicação para o marketing digital fica ainda mais evidente. Questões relacionadas à legislação e regulamentações, especificidades características das tecnologias digitais, assim como seus mecanismos de busca, de métricas e de integração, a diversidade das variações demográficas, e aspectos naturais e econômicos que impactam nas decisões de consumo e de negócios, são elementos que se relacionam com o planejamento de marketing e com a comunicação estratégica.

O microambiente diz respeito ao ambiente que envolve a organização e a todas as partes que atuam e interagem diretamente com a empresa.

Para tratarmos aqui do ambiente de marketing digital, vamos considerar a observação do microambiente sob o prisma da análise do Mix de Marketing, o modelo conhecido como os 4P's, difundido por Jerome McCarthy (1978), formado pela composição dos elementos fundamentais para o marketing: Produto, Preço, Praça e Promoção.

Este conjunto reúne os quatro elementos que compõem as principais atividades de marketing e vendas de uma empresa. Representam os pilares básicos nas diretrizes de análise interna, de forma que possibilitam a qualquer empresa diagnóstico para criar suas estratégias de produtos ou serviços, precificação, distribuição e promoção.

As variáveis que formam o mix de marketing, assim como todas que compõem o ambiente interno da empresa, são controláveis e interdependentes, ou seja, a empresa atua sobre elas, potencializando os aspectos e elementos positivos, minimizando ou eliminando os aspectos ou elementos negativos. Portanto, todas as decisões importantes relacionadas ao lançamento de um produto, incorporam as diretrizes da análise do mix de marketing.

O mix de marketing digital

Imagine que uma empresa vai expandir seus negócios, lançando novos produtos, ou atuando em novos mercados.

Para comunicar estas ações no cenário atual é imprescindível que a empresa trabalhe a sua presença digital. Visto que para comunicar a existência de seu produto, evidenciar sua estratégia de precificação, disponibilizar conhecimento sobre os canais e meios de distribuição, para promover a percepção de valor sobre o produto e a promessa de valor da marca, para criar e gerenciar o relacionamento com seus públicos, para intensificar a interação com seus clientes, dentre tantos outros objetivos relacionados ao mix de marketing, sua atuação no **universo digital** será essencial.

Observando além do conceito dos famosos 4Ps de Marketing ou Mix de Marketing, e com foco nas diretrizes de atuação do marketing no universo digital, entendemos que muita coisa mudou ao longo do tempo. O perfil de consumo, o formato da comunicação, o acesso à informação, e o fato de que todas estas mudanças ocorrem de modo cada vez mais veloz e dinâmico, obrigou as empresas a se adaptarem a este novo e mutável contexto.

O mix de marketing digital então, para atender a complexidade de atuação do marketing digital, sofreu desdobramentos. O professor e escritor Conrado Adolpho (2011) desenvolveu a metodologia "8Ps", os desdobramentos do mix de marketing como ferramenta estratégica que tem como principal objetivo adequar a linguagem do marketing tradicional ao universo digital.

Mas antes de desbravarmos o caminho dos "8P's do marketing digital", é preciso entender que esta metodologia representa um diferencial e a aplicação dos seus oito itens significa para a empresa um conhecimento detalhado sobre o que ela está vendendo e o direcionamento para a comunicação estratégica, abrangendo perspectivas importantes como quais problemas ou dores do público devem ser sanados com a solução (produto ou serviço) que a empresa oferece e quais os benefícios o público poderá obter ao escolher o seu produto e não o do concorrente.

Os "8P's" do marketing digital são: pesquisa, planejamento, produção, publicação, promoção, propagação, personalização e precisão.

Imagem de fonte própria - Adaptado do modelo 8Ps do Marketing Digital de Conrado Adolpho (2011).

Pesquisa, planejamento e produção

A pesquisa sempre foi parte integrante na elaboração das estratégias de marketing. Tratando-se do universo digital, ela assume a função de compreender profundamente o cenário mutável do mercado e sua dinâmica de comunicação.

No mix de marketing digital o **P de pesquisa** atua sobre a perspectiva do comportamento do consumidor digital. Implica em definir quem é o público-alvo, como ele se comporta, quais são suas preferências de consumo na internet etc.

É função da pesquisa de marketing oferecer às empresas uma visão clara sobre as atitudes e comportamento de compra do consumidor. (KOTLER; KELLER, 2018). A partir dela a geração de *insights* é pautada em diagnósticos mais precisos sobre os aspectos mercadológicos.

O universo digital tem por característica a formação das conexões em rede, ou seja, um ambiente propício para relacionamentos mais próximos dos consumidores. As empresas podem optar por realizar suas próprias pesquisas ou contratar os serviços ofertados por instituições, desde que utilizem as ferramentas certas e eficazes para conhecer melhor os hábitos, preferências e conveniências dos consumidores de forma a captar informações também sobre o mercado e a concorrência.

Em uma pesquisa é preciso elucidar questões que sejam relevantes para a tomada de decisão da empresa em relação às soluções oferecidas, proporcionando assim benefícios e transformações tangíveis para o consumidor.

O principal objetivo do P de pesquisa é conduzir a empresa a uma direção clara e assertiva em suas ações estratégicas, direcionando todas as estratégias de comunicação para o sucesso destas ações.

Não existe limitação para a quantidade de informações coletadas, mas o foco deve estar na qualidade das informações levantadas, o que culminará em maiores e melhores chances de alcançar os objetivos da empresa e satisfazer as necessidades e desejos dos clientes.

Tão importante quanto obter dados sobre o mercado é saber o que fazer com eles. Isto nos leva ao segundo P do mix de marketing digital, o **"P" de planejamento.**

Adolpho (2011) indica que para a elaboração do planejamento é necessário entender o processo de compra do consumidor. Entendendo cada uma das etapas dessa jornada do cliente, será mais fácil de planejar quais serão as futuras ações, já que se tem conhecimento através da pesquisa a como o consumidor reage desde quando a necessidade de compra surge até o consumo do produto ou serviço propriamente dito.

O planejamento vai contemplar a definição do objetivo e das metas de marketing digital, elaboradas com relação não só a vendas, mas também a elementos estratégicos importantes como o posicionamento de marca, o lançamento de novos produtos, as condições para o relacionamento com o público ou até mesmo a qualificação da sua audiência –, ou seja, utilizar as ferramentas digitais para identificar e atuar com a comunicação eficaz em cada uma das etapas da jornada de compra do consumidor.

Todo planejamento precisa ser colocado em prática. O que nos leva para o próximo P do mix digital, o **P de produção**.

Esta etapa representa a execução da estratégia elaborada no planejamento, ou seja, preparar o que será necessário para o alcance dos objetivos e eficiência dos resultados esperados.

O P de produção abrange no mix de marketing digital a etapa da seleção e programação das ferramentas que serão utilizadas nas campanhas de comunicação.

O planejamento contribui para a etapa de produção como um indicador de ganho de tempo e de alocação de recursos. Quer um exemplo? Se a empresa tem como objetivo comunicar-se através do envio de e-mails para seu público, nesta etapa deve definir e programar qual a ferramenta de e-mail marketing será utilizada, além de desenvolver os seus conteúdos e selecionar o mailing. Caso tenha como objetivo mostrar-se como referência em determinado tipo de serviço, terá que trabalhar a presença digital como forma de compartilhar nas plataformas selecionadas para relacionamento com o público os conteúdos relevantes para audiência, sempre levando em consideração as respectivas etapas da jornada do consumidor.

Publicação, promoção e propagação

Este bloco de etapas compreende as ações relacionadas com o conteúdo, elaborado de forma diferenciada, e constituído de elementos essenciais para promover a atração e a conversão de clientes: Os P's de publicação, promoção e propagação.

O conteúdo relevante que consegue atrair e despertar interesse em meio a tantas ofertas de conteúdos é aquele que transforma a compreensão do valor percebido pelo cliente em uma oferta significativa.

O **"P" de publicação** tem por objetivo tornar pública esta oferta significativa e potencializar o valor percebido pelo consumidor. Desta forma, a empresa ou marca consegue atrair o público através da oferta de um produto que representa a melhor relação custo-benefício, independente do seu preço.

De forma resumida esta etapa consiste em disponibilizar a publicação correta, previamente elaborada de acordo com o planejamento, uma base de conteúdos com valor relevante para serem utilizados em cada etapa da jornada de compra.

Na prática, um conteúdo deve atender a três objetivos para aumentar o valor percebido da marca: eliminar objeções (engajamento); valorizar o produto (engajamento); e converter (vendas). Relacionando isso às etapas do processo de compras, entendemos que inicialmente um conteúdo deve engajar o consumidor. Feito isso, e somente depois disso, o consumidor deve ser impactado por conteúdos destinados a promover a conversão de venda. Assim, a empresa transforma a "zona de engajamento" em "ambiente persuasivo", passando a divulgar conteúdos ligados somente à conversão de vendas (ADOLPHO, 2011).

Com a publicação de conteúdos de valor relevante para a jornada do consumidor, é chegado o momento de elaborar e disseminar as campanhas promocionais que foram planejadas e publicadas anteriormente. Trata-se do **"P de promoção"** do mix de marketing digital.

Questões como quais são os tipos de anúncios, os meios pelos quais serão feitos são considerados nesta etapa, assim como sempre foi feito na promoção no mix de marketing tradicional, ressaltando que a diferença aqui é o uso exclusivo dos canais digitais.

Outro ponto muito importante são as diferentes formas adotadas para divulgação de conteúdo. Basicamente, nos referimos ao tráfego orgânico, que em linhas gerais se refere às técnicas que não são pagas, ou seja, não geram custo para que o seu conteúdo chegue até o cliente ideal. Como desvantagem, a empresa não controla este tráfego, pois o cliente pode chegar em seu site por meio de uma busca no Google, uma indicação em uma rede social ou vídeo no YouTube, por exemplo. Já o tráfego pago tráfego pode ser facilmente controlado, já que quando se opta por fazer um anúncio patrocinado, se garante opções de segmentação de alcance e visualização, além de se obter à disposição métricas que avaliam o resultado dos anúncios e o resultado atingido.

Ainda tratando de ações relacionadas ao conteúdo, o sexto "P" do marketing digital, **"P de Propagação"**, tem por objetivo fazer com que o público seja um agente multiplicador das campanhas de comunicação, tornando-as fontes de bons conteúdos virais.

O consumidor digital é participativo, predisposto a colaborar e a cocriar, de forma espontânea ou quando estimulado. No que tange ao consumo de comunicação, tornou-se um criador de conteúdo, e não mais somente um consumidor.

Por isso, a viralização de um conteúdo não depende exclusivamente da empresa ou marca, mas sim do consumidor, que ao longo das experiências em sua jornada de compra pode compartilhar o que foi positivo, e é propenso mais ainda a compartilhar o que foi negativo. Portanto, o P de propagação na estratégia de marketing digital deve estimular que o seu consumidor propague as mensagens positivas, em todos os momentos em que ele estiver satisfeito com a sua experiência na jornada de compra. Vale lembrar que as redes sociais constituem, por sua configuração (*likes*, marcações, menções e compartilhamentos) uma ferramenta natural para a propagação. Nestas plataformas vale a pena investir na criação e propagação de casos reais de experiências de sucesso.

Personalização e precisão

Segundo o autor Conrado Adolpho (2011), o "P" de Promoção refere-se a como a empresa conversa com o mercado; "P" de Propagação refere-se ao mercado conversando entre si e o **"P" de Personalização** trata-se do mercado conversando com uma empresa. Sendo assim, esta etapa está diretamente relacionada às ações destinadas a uma conversa direta com os consumidores, aquelas que devem conduzir o cliente para o final da sua jornada de compra para que, enfim, haja a conversão.

No universo digital as ações de comunicação contemplam as milhares de pessoas que buscam por informações que lhes possibilitem tangibilizar os benefícios que lhe trarão confiança e certeza no momento da decisão de compra. Fica fácil perceber então que a personalização da mensagem para o público certo e a forma com que essa personalização irá acontecer; assim como a escolha das ferramentas que serão utilizadas de forma adequada às preferências do consumidor são os objetivos desta etapa.

Imagine que você deseja fazer um curso sobre a aplicação do marketing digital, para aprofundar seus conhecimentos sobre o tema.

Em sua jornada de compra você inicia uma busca no Google para obter as informações que julgar necessárias sobre quais são os principais cursos oferecidos, ou quais são as empresas que os ofertam, ou mesmo os melhores programas que oferecem os melhores conteúdos sobre as práticas do marketing digital.

Em meio a tantas opções, você chegará à etapa da jornada onde há um muro de objeções, questionamentos que você faz e que se tornam elementos decisivos em sua jornada. Neste caso, você certamente vai optar pela empresa que melhor personalizar a comunicação com você em todos os seus pontos de objeção.

Muitas são as formas de fazer isso, que pode ser através de um *chat online* para elucidar suas dúvidas, ou disponibilizando um cadastro simples para que envie suas dúvidas objetivamente.

A partir do momento que a empresa recebe o seu contato e identifica pelas suas informações o possível momento da sua jornada de compra, ela personaliza as informações de forma a estreitar o relacionamento com você, conduzindo-o até a concretização da compra.

O último "P" do mix de marketing digital, o **"P de precisão"** consiste na avaliação das estratégias aplicadas até então, e tem como objetivo a realização de uma análise para diagnosticar o que deu certo, o que ainda deve ser revisado, e o que precisa ser modificado para que se obtenha o melhor resultado. Considere esta etapa como a responsável pela mensuração de tráfego e pela avaliação das metas que foram traçadas e cumpridas. Afinal, uma das maiores vantagens da aplicação estratégica do marketing digital é a possibilidade de se acompanhar os resultados em tempo real, e com baixo custo.

Resumindo...

Iniciamos revisitando alguns conceitos do marketing tradicional, de forma a promover uma reflexão sobre a comunicação como ferramenta estratégica na jornada de compra do consumidor.

Sob a perspectiva do macroambiente e do microambiente, compreendemos fatores importantes e atuantes no planejamento de marketing, dentre eles, o conceito do mix de marketing, os já conhecidos 4P's.

Relacionamos a aplicação do mix de marketing tradicional, passando por sua atualização para o mundo digital, e percebendo assim os desafios e a complexidade deste novo método de se fazer marketing, com foco no consumidor digital.

A metodologia dos 8P's desenvolvida por Conrado Adolpho promete uma aplicação das estratégias do marketing básico ou tradicional, em um formato mais dinâmico, acessível e de acordo com a realidade do universo digital.

Durante a jornada de compra do consumidor digital, nos deparamos com um perfil de consumidores que estão cada vez mais cautelosos e bem informados na hora de comprar.

O primeiro P do mix de marketing digital, visa atender à necessidade de conhecer este consumidor e assim identificar formas de oferecer uma solução adequada. O P de pesquisa contempla diversas formas de coletar informações que irão direcionar a comunicação estratégica durante a jornada de compra.

A organização do que foi pesquisado possibilita que na etapa seguinte, o **"P de planejamento"** possa definir as metas e os objetivos que se deseja atingir, e utilizando a pesquisa como guia, já é possível definir quais são os canais de comunicação.

Na etapa **"P de produção"** compreendemos que é essencial definir o tipo de conteúdo para abordagem a cada um dos seus tipos de clientes. Ao produzir conteúdos é importante abordar assuntos relacionados aos negócios que a empresa pretende realizar.

A próxima etapa compete ao **"P de publicação"** publicar campanhas ou conteúdos que se destaquem e atraia mais clientes para a empresa.

Uma boa dica é ao fazer uma publicação se adotar estratégias de SEO – Search Engine Optimization (SEO), que considera os seguintes aspectos interessantes como usar subtítulos e negritos em informações importantes, inserir links internos nos textos como forma de entregar ainda mais conteúdo relevante e útil para o seu cliente.

O "P de promoção" refere-se a melhor forma de promover a empresa, e potencializar a marca, utilizando tráfego orgânico ou com anúncios pagos. É primordial que os anúncios consigam promover informações úteis para os consumidores.

O mix de marketing digital utiliza a etapa **"P de propagação"** para estimular o compartilhamento das informações, fomentando o compartilhamento de experiências positivas e como forma de atingir mais pessoas na comunicação.

O **"P de personalização"** representa a necessidade de se criar diferencial a fim de engajar e fidelizar o consumidor. Sendo assim, a propagação abrange inclusive estratégias de atendimento, de pós-venda e de *feedback*, visto que são todos pontos de contato da empresa com o cliente na jornada de compra e de experiência do cliente.

A possibilidade de personalizar a comunicação com o seu público-alvo está presente no **"P de personalização"**. Quanto mais a empresa se aproxima do cliente e promove a interação e o engajamento com eles, mais chances tem de chegar à conversão de compra e na fidelização da marca. Vale destacar que a personalização consiste na produção de conteúdos segmentados nas estratégias de marketing digital, de acordo com o perfil e comportamento de compra dos consumidores.

A metodologia apresenta como etapa final o **"P de precisão"**, que contempla as métricas das estratégias lançadas e a mensuração dos seus resultados. Por meio de indicadores (KPIs), é possível analisar o sucesso ou o fracasso dos anúncios em diferentes plataformas de comunicação.

Como exemplo, utilizando o Google Analytics é possível acompanhar indicadores importantes como ROI (retorno sobre o investimento), custo por *lead*, ticket médio, taxas de conversão, entre outros.

Em síntese, o método mostra a importância de compreender em detalhes a **comunicação como ferramenta essencial e estratégica do planejamento de marketing, e sua aplicação na jornada de compra do consumidor digital.**

CAPÍTULO 6

A COMUNICAÇÃO INTEGRADA DE MARKETING NA ERA DIGITAL
(Conteúdo, coparticipação e relações em rede)

Começando a conversa

Vivenciamos um mundo conectado que rompeu barreiras geográficas e integrou pessoas, produtos e marcas através da aplicação do mix de marketing tradicional, e sua evolução e atualização para o mundo digital. Toda essa potencialização da forma de se pensar e fazer Marketing engloba grandes desafios, e um dos mais importantes é acompanhar a dinâmica de integração da comunicação.

Novos mercados, novos cenários e novos modelos de comunicação despontam com as perspectivas de consumo advindas de um público ávido por participação e relacionamento.

Estudiosos apontam uma evolução também no conceito de satisfação, percepção de valores e níveis de envolvimento dos consumidores, tendo como ponto de observação o conceito de sociedade em rede.

Com a maior participação e envolvimento do consumidor, as empresas precisaram compreender e atuar de forma efetiva na estrutura e na oferta das dinâmicas de relacionamento com o cliente, de forma que a comunicação integrada de marketing seja eficaz na manutenção e perpetuação de uma aproximação cada vez mais satisfatória, durável e rentável.

Da era do discurso para a era do diálogo (Rez, 2016), uma relação de troca, consciência e confiança se estabeleceu através de conteúdos relevantes, transformou relacionamento em coparticipação no contexto entre empresa e cliente.

Neste capítulo vamos mergulhar nas nuances da comunicação integrada de marketing que, junto à evolução do marketing tradicional para o digital, fez das relações em rede o cenário de sua performance, dinamizando as relações de consumo.

Compreendendo as relações em rede

O conceito de sociedade em rede, segundo Manuel Castells (2005) aponta o uso das tecnologias pela sociedade de forma sensível aos efeitos dos usos sociais, e de acordo com as necessidades, valores e interesses das pessoas. Desta forma, compreendemos como o desenvolvimento das Tecnologias Digitais de Informação e Comunicação ampliou as possibilidades de comunicação entre as pessoas, ampliando as relações pessoais e remodelando a interação social. Isso de deve pelo amplo acesso à informação, que integra pessoas e seus mais variados interesses, que extrapolam os limites geográficos e promovem uma interação entre pares e multiplicadores. Como por natureza o homem é um ser social, Recuero (2009, p. 24) afirma que a formação de redes é essencial à própria condição humana e conclui que as redes sociais são "uma metáfora para observar os padrões de conexão de um grupo social, a partir das conexões estabelecidas entre os diversos atores".

Tais conexões fazem com que as pessoas se relacionem e interajam entre si, e utilizem a tecnologia para apoiar suas decisões de consumo. A jornada de consumo se tornou muito mais dinâmica e veloz com o uso da tecnologia de informação.

Etapas da jornada de decisão de compra

Fonte: Própria – Adaptado de Kotler e Keller (2018).

Em cada uma das etapas da jornada de decisão de compra pelo consumidor, podemos perceber como as conexões em rede transformaram as relações de consumo. O despertar para o reconhecimento da necessidade do consumidor pode ser impulsionado pelos estímulos de marketing, que chegam até o indivíduo de formas variadas, mas estrategicamente direcionadas. A partir desse reconhecimento da necessidade o consumidor busca por informações e considera todas as possibilidades ofertadas, pelas empresas e pelos multiplicadores de opiniões e experiências, e que multiplicam essas informações através de duas relações em rede.

E com uma enxurrada de ofertas e inúmeras possibilidades de compras, o consumidor pondera as alternativas de acordo com suas necessidades, valores, crenças, conveniências e preferências. Ele procura também validar suas escolhas através de vivências de outros consumidores, compartilhadas sem fronteiras e de forma espontânea ou estimulada nas plataformas de relações em rede. E a decisão de compra percorre agora um caminho de evidências em busca da comprovação de uma experiência positiva e satisfatória para o consumidor, que esteja alinhada com todas as informações coletadas ao longo da jornada de compra, com as promessas recebidas e condições preestabelecidas. De tudo isso vai depender o comportamento pós compra do consumidor e suas próximas tomadas de decisão de compra e de fidelização.

Sendo assim, a comunicação integrada de marketing assume um papel muito mais abrangente além do que já realizava com as ferramentas de marketing tradicional. Os desafios da comunicação digital amplificam a sua abrangência e a sua importância.

A comunicação integrada de marketing aborda, articula e promove todas as ações de planejamento, análise e execução de marketing, integrando e unificando os objetivos de marketing e de comunicação da empresa, interna e externamente.

Para isso, todos os canais de comunicação da empresa precisam estar alinhados e transmitindo mensagens relevantes, fomentando o relacionamento com o cliente de forma a identificar todas as oportunidades de transformar necessidades e desejos do consumidor em negócios e relacionamentos rentáveis e duráveis para com as empresas e suas marcas.

Segundo a <u>Associação Americana de Marketing</u> (AMA), a Comunicação Integrada de Marketing é um processo que garante que todos os pontos de contato com o cliente sejam relevantes e consistentes, independente da etapa da jornada de compras.

Observe algumas das articulações da CIM – Comunicação Integrada de Marketing:

Etapa da jornada de compra	Ação do consumidor	Articulação da CIM	Possibilidades estratégicas
1- Reconhecimento da necessidade.	Pesquisa como satisfazer a sua necessidade.	Como antecipar-se na entrega de soluções?	• Neuromarketing (promover associações entre empresa e consumidor) • Psicologia do Consumidor (dominar os fatores de influência nas decisões de consumo) • Conhecimento dos Requisitos do Cliente (seleção dos critérios de decisão de compra) • Desenvolvimento de Novos Produtos e Serviços (oferta de soluções atraentes e eficazes para o consumidor)

Etapa da jornada de compra	Ação do consumidor	Articulação da CIM	Possibilidades estratégicas
2- Busca de informações.	Descobre quais soluções se aplicam aos seus desejos.	Quais aspectos norteiam a tomada de decisão de compra do consumidor?	• Mecanismos de Busca e Key Words (Ser encontrado pelo consumidor) • Marketing de Conteúdo (Ser relevante nos critérios de decisão do consumidor)
3- Avaliação das alternativas.	Pondera por qual solução ofertada é a melhor alternativa.	Como promover diferencial e significância para o consumidor?	• Estratégias de Diferenciação – (Tornar a empresa uma referência para o consumidor) • Benchmarking – (Reconhecer e adotar ou superar as melhores práticas usadas pelos concorrentes)

Etapa da jornada de compra	Ação do consumidor	Articulação da CIM	Possibilidades estratégicas
4- Decisão de compra.	Escolhe a solução que melhor atende às suas preferências e conveniências.	Quais ações integradas podem ser ofertadas e destacadas na comunicação com o cliente?	• Aplicações das Decisões do Mix de Marketing (Tradicional e digital se complementam e garantem a decisão de compra do consumidor) • Estímulos Situacionais de Marketing (Promover gatilhos de memória ou compartilhamento de experiências positivas de compra)
5- Comportamento pós--compra.	Anseia por evidências de uma experiência de compra positiva.	Como registrar, organizar e acompanhar todos os pontos de contato do cliente em sua experiência de compra e pós-compra?	• Gestão do Relacionamento - (CRM Customer Relationship Management) • Marketing de Experiência - (Elaboração de táticas eficientes para aprimorar e multiplicar a experiência do cliente)

Tendo em vista a complexidade dos desafios da Comunicação Integrada de Marketing, a compreensão dos aspectos de transformação do marketing tradicional para o digital compreende não apenas a articulação do mix de marketing digital, que amplia o conceito dos 4Ps para o de 8Ps de Adolfo (2011).

Uma nova perspectiva dos impactos desse novo formato na dinâmica de comunicação nos leva a refletir sobre a própria formatação dos conceitos básicos de marketing, objetivando acompanhar as perspectivas das relações de compra do consumidor digital.

Os novos cenários da transformação digital

De acordo com Kotler (2017, p. 66) "uma vez que as empresas decidam o que oferecer (produto e preço), precisam resolver como oferecer (ponto de venda e promoção). E em um mundo pautado em conexões em rede, esta dinâmica evoluiu de forma a não apenas atender às preferências e conveniências do consumidor, mas de forma a acomodar mais participação do cliente, uma vez que o relacionamento direciona e enriquece as decisões de compra.

Nesta perspectiva do autor (Kotler, 2017), a proposta de transformação do tradicional ao digital incide na aplicação do mix de marketing, onde os 4Ps são redefinidos em 4Cs: cocriação (*co-criation*), moeda (*currency*), ativação comunitária (*communal activation*) e conversa (*conversation*). Para que se desenvolvam novos produtos (bens e serviços) que representem soluções atraentes e eficazes aos consumidores, é por meio da cocriação que se torna possível as concepções de customização e personalização, gerando assim junto ao consumidor valores superiores através do envolvimento dos clientes com as empresas. Assim como a precificação também assumiu uma dinâmica flexível, estabelecida através das demandas de utilização conveniente para a relação empresa e consumidor. Uma precificação dinâmica que pode ser compreendida pelo consumidor como ajustável à sua necessidade ou desejo, e não como um padrão generalizado que não contemple as suas escolhas. Assim, "a precificação dinâmica permite que as empresas otimizem a rentabilidade ao cobrar de clientes distintos de maneiras diferentes" (Kotler, 2017, p. 67) Uma precificação flutuante, semelhante à moeda em relação à demanda de mercado.

O conceito de distribuição também evoluiu e tornou-se mais potente e caracterizado como ponto a ponto. Já que em suas conexões os consumidores atuam com a essência de ativação comunitária, compartilhando experiências e vivências em rede e com a exigência de acesso imediato à quase instantâneo a produtos e soluções de serviços. Da mesma forma o conceito de promoção se transformou com base em relacionamentos pautados em proliferação de informações, conversas, reações e interações em tempo real. Nesta perspectiva, tanto empresa quanto consumidores estabelecem uma relação cada vez mais participativa em relação ao envolvimento do cliente nos processos produtivos e nos negócios da empresa.

Já entendemos que a jornada de consumo está diretamente relacionada à dinâmica da comunicação de marketing, e que esta vem passando por várias transformações que, por sua vez, acompanham a evolução da sociedade. É evidente que enquanto consumidores somos impactados diretamente pela Comunicação Integrada de Marketing em nossa forma de pensar, agir e tomar decisões de compra.

Recorremos ao universo digital e às relações me rede imediatamente quando pensamos em adquirir um produto ou serviço. Portanto, para as empresas, é importantíssimo que estejam presentes nas plataformas de relacionamento em rede, as chamadas mídias sociais.

Recuero (2008) atenta para o fato de que a "mídia social" é diferente da "rede social", já que podemos considerar que ela é social porque permite a construção do espaço social e da interação com outros atores. Para a autora, "as redes sociais são metáforas para os grupos sociais. Já a "mídia social" é um conjunto de dinâmicas da rede social.

De acordo com Imme (2020), o brasileiro passa, aproximadamente, 3,34 horas por dia *online*, e as redes sociais digitais mais utilizadas são:

- YouTube: mais utilizada em 2019. 95% dos internautas estão presentes interagindo, assistindo e, especialmente, inscrevendo-se em canais de conteúdo relevante. Imme (2020) destaca o canal brasileiro Kondzilla como o quarto maior do mundo, com 54,9 milhões de inscritos.

- Facebook: segunda mais utilizada no Brasil, com 130 milhões de contas ativas. Somos o terceiro país usuário e utilizamos a rede para relacionamento e negócios.
- WhatsApp: cerca de 89% dos internautas utilizam esse canal de comunicação por mensagens instantâneas, tanto para relacionamento quanto para negócios.
- Instagram: de propriedade do Facebook desde 2012, permite postagens de diversos tipos – como fotos, textos e vídeos –, é mais ágil que o Facebook em termos de interação e conta com a presença de um público mais jovem. Tem o IGTV, ferramenta que permite *lives* e vídeos desde 2018, e o Instagram Cenas (similar ao TikTok) desde 2019.
- Twitter: tem como característica acompanhar as mídias tradicionais e sociais como "segunda tela", ou seja, comentários do usuário enquanto ele acompanha seu programa favorito em outras plataformas, como filmes, séries e esportes. Seu uso é amplo e tem como característica permitir atualização rápida sobre informações.
- LinkedIn: utilizada essencialmente para finalidade profissional, está presente em mais de 200 países atendendo ao mundo corporativo.
- Pinterest: tem como característica ser um "mural de referências". Ainda de acordo com Imme (2020), pode ser usada como uma vitrine de tendências em moda, maquiagem, casamento, gastronomia e tantas outras áreas.
- Skype: utilizada para chamadas de vídeo e voz, envio de mensagens, *chats* e troca de arquivos.
- Snapchat: foi o precursor dos *stories* – que, hoje, são feitos pelo Instagram – e ainda tem seu espaço no mercado brasileiro.

As empresas utilizam nestas plataformas as estratégias do Marketing Digital para propagar sua marca e para promover sua imagem e seus produtos.

Mas o que significa utilizar o Marketing Digital? Significa adotar estratégias amplas e abrangentes no universo digital para se comunicar com os públicos interno e externo. A veiculação de conteúdos relevantes da empresa para os seus diversificados públicos se dá por meio de internet, aparelhos móveis e qualquer outro meio digital, usado, principalmente, para manter um bom relacionamento.

O Marketing Digital utiliza ferramentas específicas e uma delas é a Publicidade Digital.

O termo Publicidade significa "tornar público", e esta ferramenta tem o objetivo de comunicar informações sobre o que a empresa tem para oferecer de acordo com seus valores, seus produtos e serviços. A Publicidade possui também a função de persuadir, e embora a publicidade tradicional ainda seja amplamente utilizada e tenha relevância em seu papel, a publicidade digital tem crescido cada vez mais e é muito poderosa. Um dos motivos desse crescimento são os custos menores do digital em relação à mídia tradicional.

Além disso, as mudanças de comportamento do consumidor e a evolução da tecnologia foram os propulsores da publicidade digital, e sua função de persuadir casou bem com o fato de que as pessoas passaram a usar as mídias sociais ativamente em suas interações, seja para buscar por informações, resolver uma dúvida rápida, consultar experiências de compras de outros pares, comprar bens e adquirir serviços em um *e-commerce* etc. As empresas então identificarem a publicidade digital como ferramenta para ocupar o espaço nas mídias sociais onde elas precisam estar, utilizando-a para promover relacionamento, divulgar e comercializar produtos, propagar sua imagem e evidenciar seus valores para seu público-alvo.

Considerando que, para além do relacionamento, as redes sociais são potencialmente utilizadas para a produção de conteúdos que compartilham experiências, gostos, opiniões e vivências, as empresas precisam se preocupar em gerenciá-las e oferecer um conteúdo relevante e interessante para seus públicos.

O gerenciamento consiste em monitorar o que os usuários realizam nas mídias sociais digitais, e possibilitar que essa aproximação resulte em uma melhor compreensão dos resultados e impactos em seus relacionamentos. Com os clientes e consumidores.

As empresas também utilizam as redes sociais como forma de divulgar seus produtos e serviços, por meio de anúncios. Por exemplo, a ferramenta Facebook para Empresas é muito didática e orienta o passo a passo para que um anúncio possa ser criado e veiculado, dando orientações com relação a custos e investimentos. Os objetivos de uma campanha nessa mídia social digital envolvem: alcançar cliques ou conversões no site; buscar/estimular o envolvimento dos usuários com as publicações; incentivar a instalação de aplicativos, e responder a eventos. Os dois tipos de anúncios realizados nas mídias sociais digitais são o orgânico e o pago. Anúncios orgânicos são aqueles que alcançam os usuários a partir da segmentação da página, realizada por meio dos algoritmos e cookies, gratuitamente. Já os anúncios pagos têm a função de impulsionar as postagens, especialmente aquelas ligadas a negócios, produtos, marcas e serviços.

Para Recuero (2008), as particularidades das mídias sociais dizem respeito à apropriação criativa e à conversação, e talvez isso explique o crescimento das ações de relacionamento entre empresas, marcas e consumidores.

É importante ressaltar que para uma empresa, a presença digital e a manutenção dos relacionamentos nas mídias digitais é a forma mais barata e efetiva de se manter em conexão ativa com seu público e, assim, disseminar seus valores e objetivos comerciais e sociais através da integração e a dinâmica de conversação. É importante compreender que a relevância das mídias e redes sociais digitais não está nas ferramentas em si, mas na integração que elas proporcionam e sua ativa atuação no cotidiano das pessoas.

Dessa forma, as empresas participam da vida de seus públicos, fomentando discussões, alimentando a percepção de valor sobre seus produtos e serviços, promovendo decisões de compra, mudanças de hábitos e de comportamentos.

- A dinâmica da prática de relacionamento e coparticipação.

Segundo Rez (2016, p. 30) "todas as táticas usadas sob "o chapéu do marketing digital" têm como objetivo levar ao consumo de algum formato de conteúdo.

As estratégias de produção de conteúdo são definidas de uma forma sólida pelo marketing de conteúdo, que tem por definição mais conhecida a do Content Marketing Institute, como sendo "uma técnica que cria e distribui conteúdo de valor, relevante e consistente, para atrair e engajar uma audiência claramente definida, com o objetivo de encaminhar o cliente a tomar alguma ação que gere lucro".

O marketing de conteúdo não é novo, não foi inventado na era digital, mas foi potencializado com ela, se tornou viável para qualquer empresa de qualquer tamanho ou segmento, e as que o adotaram estão satisfeitas com o resultado e ampliando seus investimentos.

O perfil de consumo na era digital contempla papéis como o do comprador *online*, indivíduo que representa para a empresa a clara necessidade de estimular o consumo de maneira ágil e inteligente. O marketing de conteúdo consiste na aplicação de estratégias que estimulam o consumo de maneira subjetiva, emocional e assertiva (Rez, 2016, p. 38).

A comunicação integrada de marketing utiliza o universo do marketing digital de forma a contemplar todas as ações que possam ser trabalhadas junto ao público garantindo que a conectividade transforme a maneira como os consumidores se comportem em suas decisões, alinhados aos objetivos de marketing da empresa.

A conectividade resultou em muitas mudanças, a começar pela interação entre pessoas e marcas (Kotler, 2017). As conexões possibilitam a coleta de muitos dados e informações sobre o público-alvo e sobre seu comportamento de consumo, e promove uma relação de aprendizado entre marcas e mercados. Como as pessoas em suas conexões geram muito possibilidades de conteúdos e táticas importantes para a aplicação do marketing digital. E a integração das ferramentas do marketing tradicional e do marketing digital só potencializam as conexões entre as empresas, suas marcas e seus públicos.

Conheça as articulações da comunicação integrada de marketing do Instituto Renault, realizadas em 2022 durante o Grande Prêmio

São Paulo de Fórmula 1, divulgadas pela Promoview[1] e pelo Instituto Renault[2].

O Instituto Renault promoveu importantes ativações no decorrer do Grande Prêmio São Paulo de Fórmula 1. Em um espaço dedicado para o instituto, dentro do Autódromo de Interlagos, foram realizadas diversas atividades, como a construção de uma minicidade do projeto O Trânsito e Eu para uma ação digital educativa.

Renault Brasil no GP São Paulo de F-1.

Fonte: Promoview Disponível em: https://www.promoview.com.br/

Com óculos de realidade virtual, as crianças puderam vivenciar, durante os três dias do evento, as situações de convivência no trânsito em um ambiente 100% digital. O sistema foi desenvolvido pelo Instituto Renault, em parceria com a Loox estúdios e mostra

---

1 PROMOVIEW 15 de Novembro de 2022
   Disponível em https://www.promoview.com.br/blog/redacao/live-marketing/instituto-renault-minicidade-acao-realidade-virtual-gp-sao-paulo-formula-1.html
2 O TRÂNSITO E EU (institutorenault.com.br)

diferentes situações de trânsito em uma minicidade, onde o jogador deve indicar quais são as ações corretas e erradas.

O aplicativo já é utilizado em São Paulo e, também, foi utilizado pelo município de Pinhais, no Paraná. Cerca de 100 crianças de escolas públicas de São Paulo foram convidadas pela organização do Grande Prêmio de São Paulo de Fórmula 1 e puderam realizar as atividades educativas, com a presença do presidente da CBA (Confederação Brasileira de Automobilismo), Giovanni Guerra. O projeto O Trânsito e Eu já beneficiou mais de 260 mil crianças.

A comunicação integrada articulou ações com o objetivo de "sensibilização das crianças para a convivência segura no trânsito e contribuir para a construção da cidadania". Esse é o propósito do programa "O Trânsito e Eu", um programa global do Grupo Renault, que já beneficiou mais de 15 milhões de crianças e jovens em 35 países. Dentre muitas ações de marketing digital, destaca-se o **jogo de realidade virtual O trânsito e eu** que apresenta os conteúdos em forma de perguntas que devem ser respondidas em ambiente de realidade virtual e o *quiz* **para** *tablet* **O trânsito e eu** que pode ser acessado de qualquer *tablet*.

O planejamento de comunicação integrada alinhou o objetivo de comunicação de "Sensibilizar nossas crianças para a convivência segura no trânsito e contribuir para a construção da cidadania" aos canais e mensagens adequados para uma comunicação inclusiva, eficiente e eficaz, integrando ferramentas de mídias tradicionais e digitais em sua configuração e desenvolvimento.

E para exemplificar o quanto essa conexão com a marca pode gerar inúmeras possibilidades de fomentar o consumo e direcionar a tomada de decisão de compra, veja como as redes sociais da marca promoveram uma experiência surpreendente com o lançamento de um produto inédito: o brinquedo **Motorista do futuro**.

Renault Brasil e o lançamento do brinquedo Motorista do futuro

Fonte: Renault Brasil tweet - Publicado no Twitter em: 02/10/2022.

Resumindo...

Iniciamos apresentando o conceito de sociedade em rede, de forma a promover uma reflexão sobre a evolução da comunicação de marketing na jornada de compra do consumidor.

Sob a perspectiva das etapas da jornada de decisão de compra compreendemos fatores importantes que envolvem a complexidade dos desafios da Comunicação Integrada de Marketing, e que abrangem a compreensão dos aspectos de transformação do marketing tradicional para o digital.

Relacionamos os aspectos pautados nas conexões em rede, e como esta dinâmica evoluiu de forma a não apenas atender às preferências e conveniências do consumidor, mas de forma a acomodar mais participação do cliente, uma vez que o relacionamento direciona e enriquece as decisões de compra.

Compreendemos que, para além do relacionamento, o universo digital e em especial as redes sociais são potencialmente utilizadas para a produção de conteúdos que compartilhem experiências, gostos, opiniões e vivências, as empresas precisam se preocupar em gerenciá-las e oferecer um conteúdo relevante e interessante para seus públicos.

Dessa forma, com a conectividade direcionada pelo marketing digital e estratégias relevantes de marketing de conteúdo, as empresas participam da vida de seus públicos, fomentando discussões, alimentando a percepção de valor sobre seus produtos e serviços, promovendo decisões de compra, mudanças de hábitos e de comportamentos.

CAPÍTULO 7

COMUNICAÇÃO MIDIÁTICA E CONVERGÊNCIA: MÍDIA, MULTIMÍDIA, CROSSMÍDIA E TRANSMÍDIA

Começando a conversa

Para todas as empresas o relacionamento junto aos seus públicos é muito importante. Para atender aos interesses de seus públicos é preciso estar presente em todos os pontos de contato do cliente em sua jornada de compra. Para isso, a atenção redobrada à construção de uma relevante presença digital.

Mas não é fácil manter em conexão ativa com seu público. É preciso entender que a comunicação é percebida e apreendida de formas específicas em cada um dos espaços onde ela é articulada. Mas como assim, espaços? Sim. Vamos compreender melhor pensando na dinâmica de consumo:

Você, enquanto consumidor, não apenas realiza compras nos espaços *online* ou *off-line* (lojas físicas, por exemplo). Você pesquisa, compara valores e benefícios, pondera custos e oportunidades, experimenta produtos e conhece experiências compartilhadas, e faz tudo isso transitando o tempo todo entre "dentro e fora" da internet.

O fato é que as tecnologias e a internet com suas conexões transformaram o nosso jeito de consumir informação, produtos e serviços. Mas no espaço da internet, o ciberespaço, promove uma série de atitudes que culminaram numa reconfiguração cultural.

Quando mergulhamos nos conceitos de ciberespaço e cibercultura avançamos no entendimento da dinâmica de consumo, no perfil do novo consumidor e nas práticas de marketing que promovem experiências *omnichannel*, ou seja, fazendo uso de estratégias interligadas e simultâneas de diferentes e múltiplos canais para diminuir a distância entre *online* e *off-line*.

Estes conceitos nos levam a refletir sobre como a conectividade impulsionou transformações no comportamento social e de consumo.

Passamos a nos comunicar, relacionar e a vivenciar experiências – inclusive as de compra – nos múltiplos canais, e absorvemos a comunicação de forma integrada e integradora, que reúne diversificadas narrativas que visam captar a atenção do público.

Aliás, outro fato importante é que em meio a uma enxurrada de informações, cada vez mais velozes e volumosas e tornando os interesses cada vez mais diversificados, atrair a atenção do público e destacar-se em sua comunicação tem sido um enorme e intenso desafio para as empresas.

Não basta falar com o público em todos os canais, mas é preciso utilizar uma narrativa de comunicação atraente, efetiva, que faça sentido e transmita valor ao público e promova experiências cada vez mais completas e aprimoradas.

O marketing estrategicamente evolui na utilização de múltiplas plataformas, integrando narrativas em diferentes mídias, resultando em experiências significativas para a empresa e seus públicos.

A Era da Convergência e a Cibercultura

Todo esforço de comunicação hoje, mesmo a não mercadológica, precisa ser capaz de fazer sentido em meio de um bombardeio de informações e estímulos compartilhados diariamente. A internet propicia um volume muito grande de possibilidades e interconexões, e a comunicação tem o importante papel de romper barreiras e promover interação e integração a todo instante, e de forma instantânea. Isso se deve pelo perfil de consumo da própria comunicação.

Podemos considerar que a Internet é, sem dúvida, a mais importante das invenções do século XX, e que mais provocou transformações sociais. Afinal, desde que surgiu, possibilitou a potencialização dos desenvolvimentos tecnológicos e os avanços sociais de um mundo cada vez mais globalizado.

Antes da internet, os computadores eram apenas grandes máquinas utilizadas prioritariamente para realizar cálculos e armazenar grandes volumes de informações.

As primeiras redes de computadores eram restritas a um público exclusivo formado por cientistas, engenheiros e funcionários do governo e tinham o intuito de armazenar e proteger informações. Mas na década de 80 a interconexão por meio de um navegador web transformou a utilização da internet de forma mais acessível e democrática para o público em geral.

Sendo assim, as tecnologias da internet apresentaram e modelaram um espaço particular, chamado ciberespaço. O ciberespaço pode ser definido como "[...] o espaço de comunicação aberto pela interconexão mundial dos computadores e das memórias dos computadores" (LÉVY, 2000, p. 92) Ele abrange tanto os meios físicos — as redes e terminais de conexão — quanto as informações que transitam entre os usuários das redes.

No ciberespaço a informação pode circular de forma intensa por diferentes canais, e sua expansão aconteceu e ainda acontece rompendo barreiras geográficas e potencializando as experiências que podem ser compartilhadas por todos os usuários.

Lévy (2000) cita três princípios que orientaram a expansão do ciberespaço: **a interconexão, a criação de comunidades virtuais e a inteligência coletiva.**

A interconexão se refere à natureza técnica das redes digitais que conseguiram conectar pontos distantes do mundo. Através das interconexões as pessoas se aproximaram no ciberespaço, mudaram sua forma de relacionar-se, revelaram suas afinidades e as afirmaram formando suas comunidades virtuais.

A criação de comunidades virtuais tem por base em sua formação o conhecimento baseado em interesses e o pertencimento. Uma comunidade virtual é construída sobre as afinidades de interesses, de conhecimentos, sobre projetos mútuos, em um processo de cooperação ou de troca, tudo isso independentemente das proximidades geográficas e das filiações institucionais. (LÉVY, 1999b, p. 127)

A inteligência coletiva resulta da experiência das comunidades virtuais que aperfeiçoa os saberes e acelera o aprendizado de seus membros. A inteligência coletiva então em relação às comunidades virtuais "seria sua perspectiva espiritual, sua finalidade última" (LÉVY, 1999b, p. 131).

A característica do ciberespaço de se romper com os limites do mundo físico, implica constantemente em novas possibilidades e novos modos de vida e de consumo. Por isso e desta forma, desenvolvemos uma cultura diferente, própria desses espaços. O ciberespaço faz emergir uma cultura diferenciada, a chamada Cibercultura.

Lemos (2006) conceitua a cibercultura como uma cultura regida por três fatores evidentes: a liberação do polo de emissão, a conexão às redes e a reconfiguração cultural.

1. **liberação do polo de emissão:** significa a abertura de espaços de colaboração e participação de diversas vozes. A interconexão faz com que as mídias digitais sejam remodeladas em um modelo todos para todos, baseado na troca de informações e interação entre seus usuários (LÉVY, 2000). O ciberespaço favorece cada vez mais oportunidades para a interação e com ela o exercício da liberdade de expressão e opinião, criando novos formatos e novas ferramentas de comunicação.

2. **conectividade das redes de comunicação:** O processo de conexão dos usuários proporcionado pelo aprimoramento tecnológico dos meios de comunicação, transforma os computadores em equipamentos de coletividade. Isso significa que cada vez um maior número de equipamentos e aparelhos, assim como um maior número de pessoas passa a usufruir dos benefícios da interconexão e das liberdades do ciberespaço. O crescente surgimento de novos celulares e a ampliação das redes Wi-Fi são bons exemplos dessa conectividade generalizada.

3. **reconfiguração cultural:** abrange a reconfiguração cultural contemporânea fomentada pela produção de informação em rede, como o compartilhamento de experiências e

a ativação comunitária, ou seja, a formação de comunidades de relacionamentos. Os diversos meios de comunicação passam a buscar a cada dia por mais maneiras de incorporar mecanismos que os insiram e perpetuem a sua presença no ciberespaço.

Toda essa reconfiguração cultural imputou no perfil do consumidor um comportamento muito mais participativo e de múltiplos interesses. A utilização de múltiplas plataformas para coexistir neste ciberespaço colaborativo, interativo e comunitário resultou em um formato de comunicação multidirecional, onde todas as plataformas convergem para a disseminação da inteligência coletiva.

Henry Jenkins (2008) no livro A cultura da convergência descreve um cenário de emergência de um novo paradigma de consumo e produção midiática. O conceito é definido com base no uso de múltiplas plataformas, na cooperação entre indústrias midiáticas e na mudança de comportamento do público, que se torna cada vez mais participativo.

Para Jenkins (2008), a convergência midiática é definida como uma mudança cultural que possui uma disposição tecnológica, de potencialização e dispersão de plataformas. Considerando as transformações tecnológicas, mercadológicas, culturais e sociais percebidas no cenário dos meios de comunicação, percebe-se a cibercultura como uma cultura cada vez mais participativa, e a convergência midiática como processo cultural e não tecnológico.

Isso significa dizer que, para além da tecnologia, a convergência se faz também na cabeça das pessoas. (Jenkis 2009 p. 30). Visto que o comportamento do público se torna mais participativo e interessado em interagir com narrativas criativas, as mudanças tecnológicas implicaram na convergência dos meios de comunicação.

Os veículos de comunicação que eram tradicionalmente separados passam a ser integrados na produção e distribuição de conteúdo, possibilitando uma continuidade entre si. Este movimento favoreceu todas as áreas de atuação da comunicação: social, informativa, mercadológica etc.

Desta forma Jenkins (2008) promove reflexões ao afirmar que a cultura da convergência proporciona uma interação mais complexa entre meios de comunicação. Ele inclusive desmistifica a ideia de que haveria uma simples substituição das mídias antigas pelas novas. Alinhado a este conceito hoje sabemos que as mídias mais antigas como o rádio e a TV não caíram em desuso, mas passaram a exercer outras funcionalidades. Toda a produção midiática passou a abarcar uma maior quantidade de plataformas e dispositivos, como os dispositivos móveis, as mídias sociais digitais, além dos veículos tradicionais, como televisão, rádio e mídia impressa etc.

As organizações entenderam o que representa mercadologicamente os conceitos de cibercultura e de convergência. Para atuar junto a este público ávido por informação, por experiências positivas, por soluções que atendam aos seus interesses, conveniências e preferências, se tornou então imprescindível a produção de conteúdos relevantes e integrados para diferentes plataformas e veículos de comunicação, atingindo uma audiência mais ampla e advinda de um público altamente impactado pela cultura colaborativa.

Para atuar de forma efetiva junto ao público era preciso assumir uma conduta de comunicação com base nas diretrizes articuladas e apontadas por Jenkins (2009), como fundamentais: a convergência midiática como processo cultural e não tecnológico; o modelo da narrativa transmidiática como referencial da noção de convergência; e o conceito de economia afetiva como forma de pensar o comportamento de consumidores e produtores na contemporaneidade.

Falaremos mais a seguir sobre a narrativa transmidiática, mas adiante que o conceito de convergência nos leva diretamente à articulação do modelo de comunicação e interação com os públicos em todos os pontos de contato que ele esteja, em todas as mídias com as quais ele se relaciona. Já o conceito de economia afetiva está diretamente relacionado ao marketing e suas estratégias desenvolvidas para criar relacionamento através de um estímulo emocional entre organizações e consumidores. Para além da tomada de decisão de compra, em toda a sua jornada se pretende que o consumidor se identifique com a empresa e sua marca, promovendo-a, compartilhando suas experiências positivas e estimulando outros consumidores.

Narrativas midiáticas: Multimídia, Crossmídia, Transmídia

Existem várias formas de se construir uma narrativa de comunicação, seja para qual for o objetivo, utilizando diferentes mídias, e de forma simultânea ou não.

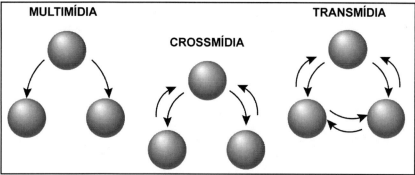

Fonte: *Revista Geminis* – Espaço Convergente – Ano 2 – n.2.p.266.2011.

De acordo com Jenkis (2009, p. 138) "[...] uma história transmídia desenrola-se através de múltiplas plataformas de mídia, com cada novo texto contribuindo de maneira distinta e valiosa para o todo. Na forma ideal da narrativa **transmídia**, cada meio faz o que faz de melhor – a fim de que uma história possa ser introduzida num filme, ser expandida pela televisão, romances e quadrinhos".

O termo *Transmedia* tem origem do inglês, e significa "além da" mídia, ou seja, o conteúdo sobressai à mídia. Uma narrativa transmídia utiliza vários tipos de mídia de forma estratégica, a fim de criar uma diversidade de conteúdos que se completam no mesmo universo. O marketing utiliza as narrativas transmídias como um conjunto de ações simultâneas que aumentam o contato com o público e promovem mais engajamento, criando experiências valiosas em múltiplas plataformas.

Vale ressaltar que não se trata de uma mesma história divulgada de forma diferente e distribuída em vários canais, o que chamamos de narrativa **multimídias,** em que é preciso acompanhar todos esses meios para compreender a mensagem por completo.

Um exemplo muito utilizado para ilustrar as narrativas transmídias são as trilogias de cinema, quadrinhos e mundo virtual, onde todas as histórias são autossuficientes, mas ao mesmo tempo reforçam uns aos outros em um único universo da história.

No universo de *Star Wars* a partir dos filmes, outros conteúdos avançaram para os games, quadrinhos, livros e desenhos animados. Em cada uma das mídias utilizadas foram contadas histórias diferentes, ou seja, várias histórias compõem um único universo, mas cada uma é contada através em diferentes meios e se complementam para dar forma a uma só grande narrativa.

Transmídias em Star Wars

Imagem de fonte própria. Inspirado e adaptado de Scolari (2013, p. 37).

Vale lembrar que boa parte do lucro da marca *Star Wars* tem origem na venda de brinquedos e jogos, ou seja, as narrativas promovem o engajamento do público e são contempladas pelo consumidor na sua jornada de decisão de compra.

Na narrativa transmídia, para cada mídia é produzida uma história ou mensagem que faz sentido isoladamente, mas que amplia e potencializa o sentido e os valores apresentados quando é associada às outras partes. Para articular uma narrativa transmídia uma marca pode, por exemplo, produzir narrativas sobre sua história, seus valores ou seu modelo de negócio, seus produtos etc. Assim, é possível não só aumentar o contato e a interação com o público pelos múltiplos canais, como é possível fomentar identificação e disseminação de seus valores e objetivos.

Em 2019 a marca FIAT ganhou notoriedade e premiações com a campanha transmídia "Vivi Guedes". Neste case de sucesso, a narrativa foi criada junto à personagem que dá nome à campanha, durante a novela, e a personagem foi escolhida como garota-propaganda da marca, criando vida própria dentro e fora das telas.

Fiat e a personagem Vivi Guedes

Fonte: Gshow – Publicado em 08/08/2019. Disponível em https://gshow.globo.com/novelas/a-dona-do-pedaco/ep/ainda-mais-bruto-ainda-mais-lindo/noticia/vivi-guedes-estreia-comercial-em-rede-nacional.ghtml

Meses antes do início oficial da campanha para o público, a atriz Paolla Oliveira participou de diversos projetos para a FIAT, e desta forma pôde construir uma associação entre a sua imagem e a marca. Em paralelo, em parceria com a Rede Globo, um conjunto de ações foi criado sob medida para a personagem que surgiria na novela A Dona do Pedaço: uma *digital influencer* que, durante a trama, seria contratada pela FIAT. Já com a novela no ar, a FIAT demitiu em rede nacional a atriz Paolla Oliveira e contratou a sua personagem, Vivi Guedes, como sua influenciadora. Desta forma estratégica e com ações de interação com o público em diversas plataformas, a personagem garota propaganda da marca FIAT Vivi Guedes ganhou vida além da novela, com perfil e seguidores reais em suas redes sociais.

Conforme divulgado pela Effie Awards Brasil em 2022, a campanha foi um sucesso para Fiat, tanto no âmbito de negócios, quanto de interação com a marca. Em negócio, houve Aumento dos emplacamentos da montadora em 22%, transformando o Fiat Argo no 3º carro mais vendido do país, com um aumento de 43,5% nos emplacamentos. Em interação com a marca, o número de engajamentos por 1.000 seguidores no Instagram aumentou 45%, saindo de 556,43 para 805,84.

Uma marca pode utilizar a narrativa transmídia em sua comunicação digital para inúmeros fins. Em 2021 a antiga Ponto Frio utilizou a estratégia para o Rebranding da marca, que agora é Ponto. A campanha Direto ao Ponto foi articulada na TV no intervalo do Jornal Nacional e do Big Brother Brasil, na TV Globo, e seguiu em outras grades do canal, incluindo o Fantástico, com foco na interação e presença digital da marca junto ao público. Um dos elementos de atração do público foi a criação do Pin, o pinguim tradicional da empresa que se tornou personagem virtual. Pelas redes sociais, o Pin divulga promoções e interage diretamente com os consumidores.

Ponto Frio agora é Ponto

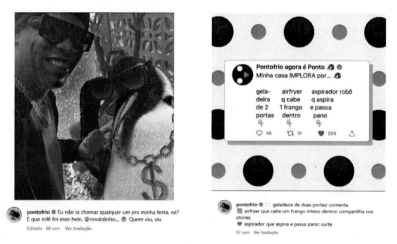

Imagem mosaico de fonte própria, inspirado e adaptado de publicações do Instagram https://www.instagram.com/pontofrio/?hl=pt-br

Outra forma de se contar estrategicamente uma narrativa em múltiplas mídias, é através da narrativa **Crossmídia.**

O termo *Crossmedia* também vem do inglês e significa "cruzar" ou "atravessar" a mídia, ou seja, levar o conteúdo além de um único meio. De forma que a narrativa seja distribuída em outros meios, mas sem nenhuma alteração da mensagem, ou seja, significa que o público tem acesso ao mesmo conteúdo por mídias diferentes.

Um case de sucesso de uma ação crossmídia é a campanha que foi realizada pela Ferrero em 2015 para divulgar em Londres um de seus produtos, a Nutella. A campanha oferecia ao público por meio de diferentes mídias a possibilidade de customizar e receber um rótulo para o pote de Nutella com seu nome.

A divulgação da campanha foi realizada pela TV, por rádio e por diferentes plataformas digitais, e a mensagem em todas elas consistia no convite para que o público curtisse a Fan Page da Nutella no Facebook. Assim o usuário teria acesso ao aplicativo da campanha, e após o cadastro de dados pessoais e o aceite de termos e condições, poderia escolher um nome para o rótulo personalizado e compartilhá-lo em seu feed. Com os dados colhidos, a empresa enviava os rótulos para o novo fã em até duas semanas.

Inicialmente, a Ferrero disponibilizou 1.000 impressos por semana. Porém, o sucesso da campanha foi tanto que, nas primeiras duas horas após seu lançamento, as etiquetas se esgotaram, o que levou a empresa a liberar 1.000 rótulos por dia, quando a previsão inicial era apenas de 1.000 impressos por semana.[3]

Nutella personaliza nome no rótulo

Fonte: Hypeness – Disponível em https://www.hypeness.com.br/2014/11/nutella-grava-nome-de-
-consumidores-nas-embalagens/

Quer mais exemplos para diferenciar as narrativas Transmídia e Crossmídia? Simplificamos alguns no quadro abaixo:

---

[3] Informação disponível em Veja 3 campanhas de cross-media que irão inspirá-lo! (indiga.com.br)

	CROSSMÍDIA	TRANSMÍDIA
ESTRATÉGIA 1	A marca lança um trailer do filme na TV durante o intervalo da novela das 21 horas.	No YouTube a marca lança um trailer do filme e acompanha os comentários, avalia opiniões e interage com o público.
ESTRATÉGIA 2	A marca lança o mesmo trailer do filme, só que no início de uma sessão de cinema.	No site oficial do filme, a marca promove um *quiz* que dará ingressos para assistir à trama no cinema na pré-estreia para os primeiros que acertarem as questões.
ESTRATÉGIA 3	No rádio, a marca insere na programação da emissora um áudio do mesmo trailer em diferentes intervalos.	No WhatsApp a marca disponibiliza um *chatbot* de um personagem, construído de acordo com a história, e oferta leves *spoilers* sobre a trama do filme, acesso ao trailer e informações sobre o lançamento.
IMPACTOS ALCANÇADOS COM AS ESTRATÉGIAS ACIMA	Apesar de utilizar o mesmo trailer como conteúdo, a convergência das mídias aumenta o alcance para um número maior de pessoas.	A narrativa possibilita ao público o acesso a mais elementos de uma mesma história, ainda que utilize diferentes mídias para se aprofundar.

FONTE: Própria, adaptado de O que é Transmídia e a Cultura da Convergência? (take.net)

A relação das narrativas com as experiências de consumo

Durante a jornada de compra o consumidor não realiza apenas compras. Ele transita nos espaços, *online* e *off-line*, no ambiente físico e no digital. Ele pesquisa, compara, negocia, se informa, busca por depoimentos, evidências de conformidade com seus valores e com as suas expectativas.

A utilização das narrativas transmídias de forma estratégica na comunicação de marketing tem se provado uma solução eficiente no processo engajamento e relacionamento entre empresas e marcas.

A ampliação do acesso à Internet, as conexões em rede e os avanços tecnológicos multiplicaram as possibilidades de atuação das empresas e marcas junto aos seus públicos. Por sua vez, a convergência fez com que a comunicação, através de histórias únicas ou diferentes, pudesse ser consumida em formatos diferentes. Há pouco tempo atrás não imaginávamos que fosse possível assistir o mesmo conteúdo da TV pelo celular. Assim como é possível acessar trechos da mesma trama através de redes sociais ou enviados por mensagens ou aplicativos, proporcionando inclusive o compartilhamento de diferentes perspectivas entre usuários sobre a mesma trama.

Esse perfil de consumo da comunicação, sempre conectada e que rompe os limites entre real, virtual, público e privado se misturam, e possibilitam que as empresas criem presença forte no universo digital, em diferentes formatos e suportes, enriquecendo seu relacionamento com o público através de conteúdos e soluções inovadoras para o público. Na verdade, este se tornou um grande e importante desafio.

Para criar uma narrativa, construir uma história cuja mensagem desperte o interesse do público é necessário oferecer perspectivas diferentes da história em cada um dos pontos de contato que o público tem com a empresa — que podem ser o site, as redes sociais, email, publicidade, e vários outros meios.

Portanto, a primeira providência que a empresa precisa tomar é certificar-se da efetividade de sua presença vários canais. É através deles que será possível estabelecer contato, contar sua história e disseminar seus valores, produtos, imagem etc.

A história será contada para atender a qual objetivo, ou seja, o que pretende transmitir como mensagem? Pretende posicionar-se no mercado, tornar-se referência? Estabelecer diferenciação? Reforçar a imagem da marca? Lançar um novo produto ou serviço? Divulgar seus canais de relacionamento? Todas essas e muitas outras mensagens podem ser contadas de forma interativa em vários canais, por diferentes ou uma mesma narrativa.

A narrativa precisa ser cativante e dialogar com a emoção do seu público. Uma ferramenta muito utilizada e com bastante êxito é o **storytelling.**

Storytelling é um termo em inglês. "*Story*" significa história e "*telling*", contar.

O *storytelling* consiste na criação de uma história que será usada como estrutura do conteúdo, de forma a atrair a atenção do público e aproximá-lo dos objetivos de comunicação da empresa ou marca.

"Uma história bem contada captura a atenção de forma irrestrita: desligamos o celular ao entrar na sala de cinema. Esquecemo-nos dos problemas da vida ao abrir um livro. Perdemos a noção da hora ao ouvir os *causos* do amigo viajante. Quando consumimos boas histórias estamos todos atentos". (PALÁCIOS, 2016, p. 100)

Através do *Storytelling* é possível criar histórias que carregam a autenticidade da marca mantendo a fidelidade à cultura organizacional da empresa, por exemplo.

No processo de construção de uma narrativa transmídia, é fundamental pensar as mídias como canais complementares para alcançar um mesmo objetivo, sem esquecer que toda empresa tem vários públicos, não somente os consumidores.

As narrativas podem ser estrategicamente articuladas de forma a envolver colaboradores, fornecedores, parceiros estratégicos e investidores. Portanto, na hora de pensar em ações que envolvem os diferentes públicos, o principal artifício é oferecer uma experiência positiva, interessante e memorável.

Como exemplo de uma narrativa de *storytelling* construída para seus diferentes públicos, em 2014, a Volkswagen construiu uma campanha que se tornou um case de sucesso quando decidiu parar de fabricar o modelo Kombi, um dos símbolos da geração paz e amor na década de 60, e que conquistou muitas outras gerações ao longo dos anos.

Para este momento único e histórico na trajetória da marca, eles aplicaram uma narrativa transmídia cativante e afetiva.

Primeiro, a assessoria de imprensa da fabricante anunciou para todos os veículos que o modelo sairia de linha. O fato foi amplamente coberto em todo o mundo, iniciando uma comoção generalizada.

Em continuidade às estratégias, a empresa publicou nos jornais um anúncio que trazia o testamento da Kombi, com seus últimos desejos — um texto emocionante e que provocava a memórias nos consumidores ou qualquer outro tipo de público que tiveram algum tipo de ligação com a Kombi.

Por fim, foi lançado um vídeo de despedida da Kombi, narrado em primeira pessoa, simulando as memórias do veículo e compartilhando em forma de "herança" partes do veículo para pessoas que tinham ligações fortes com o modelo. O vídeo mostrava imagens das ações anteriores, e desta forma finalizava o ciclo de vida da Kombi e da história contada na campanha.

Sugestão para além da leitura:

Assista a esta narrativa emocionante. Os Últimos Desejos da Kombi - Volkswagen – YouTube

Os últimos desejos da Kombi

Os Últimos Desejos da Kombi - Volkswagen

Fonte: Kombi Moments - Disponível em https://www.youtube.com/watch?v=0ewKX4Dg-cl

Para uma narrativa de sucesso que pretende ser utilizada em diversos meios, a receita para as empresas é planejamento e assertividade nas estratégias de comunicação.

Para uma narrativa transmídia é preciso estimular o público a consumir e interagir em diferentes meios, de modo que um complemente o outro. O primeiro passo é ter bem definido o objetivo que se pretende atingir com a estratégia. Em seguida, planejar as mídias que se pretende utilizar, de acordo com as características de cada uma e as possibilidades que elas representam em relação a alcance de público, frequência da mensagem, custo por contato etc. Após a escolha das mídias considerar os pontos que possam direcionar a narrativa por um caminho que faça sentido para o público. Por fim, promover estrategicamente o engajamento do público de forma que ele, durante toda a experiência, continue se relacionando com cada um dos conteúdos e permaneça impactado pela mensagem.

É importante garantir a possibilidade de se reter informações sobre a experiência provocada ao longo de toda a jornada de consumo. Isso pode representar uma oportunidade relevante para criar experiências futuras muito mais interessantes e eficazes.

São muitos os benefícios das narrativas transmídias, visto que elas reúnem elementos da combinação da tecnologia que permite identificar os elementos que constituem o perfil e as preferências do público, alinhada a uma gama de possibilidades de inovação e experiências positivas. Mas a empresa precisa estar atenta quanto ao acesso democrático dos diferentes públicos às plataformas escolhidas. Os consumidores não podem se sentir excluídos ou privados de alguma experiência que represente a ruptura de sua jornada de consumo. Não ter acesso à alguma das plataformas, ou não ter recursos para concluir determinada etapa proposta pela narrativa, não ter tempo para consumir todos os conteúdos ou para explorar todo o universo proposto pela narrativa, por exemplo. Isso pode gerar frustração e representar o fracasso de todo o planejamento estratégico de comunicação da empresa.

Resumindo...

As tecnologias e a internet com suas conexões transformaram o nosso jeito de consumir informação, produtos e serviços. Mas no espaço da internet, o ciberespaço, promove uma série de atitudes que culminaram numa reconfiguração cultural.

Os conceitos de cibercultura e convergência nos levam a refletir sobre como a conectividade impulsionou transformações no comportamento social e de consumo.

Para as empresas, atrair a atenção do público e destacar-se em sua comunicação tem sido um enorme e intenso desafio, e todo esforço de comunicação hoje, mesmo a não mercadológica, precisa ser capaz de fazer sentido em meio de um bombardeio de informações e estímulos compartilhados diariamente.

A cultura da convergência proporciona uma interação mais complexa entre meios de comunicação.

O marketing estrategicamente evolui na utilização de múltiplas plataformas, integrando narrativas em diferentes mídias, resultando em experiências significativas para a empresa e seus públicos. As organizações entenderam que para atuar junto ao público precisa promover experiências positivas, entregar soluções que atendam aos seus interesses, conveniências e preferências, e articular a produção de conteúdos relevantes e integrados para diferentes plataformas e veículos de comunicação.

Existem várias formas de se construir uma narrativa de comunicação, seja para qual for o objetivo, utilizando diferentes mídias, e de forma simultânea ou não.

A utilização das narrativas transmídias de forma estratégica na comunicação de marketing tem se provado uma solução eficiente no processo engajamento e relacionamento entre empresas e marcas.

CAPÍTULO 8

A GESTÃO DO RELACIONAMENTO E A CONTINUIDADE DA EVOLUÇÃO DO MARKETING

Começando a conversa

"O ciberespaço dará início a uma era em que a compra e a venda se tornarão mais automáticas e convenientes. As empresas serão conectadas umas às outras e a seus clientes em uma rede virtual integrada. (...) Os profissionais de marketing precisarão repensar principalmente os processos pelos quais eles identificam e se comunicam com os seus clientes e, também, lhes entregam valor. Eles precisarão melhorar suas habilidades no gerenciamento de clientes e parceiros individuais. Precisarão envolvê-los na elaboração dos produtos desejados. (...) Acreditamos que a Revolução da Informação e o ciberespaço alterarão o cenário de marketing de forma substancial e redesenharão o mercado dos diversos atores no processo de entrega de valor." (KOTLER, 2021, p. 221 a 226)

As previsões acima, elaboradas no final da década de 1990 e dimensionadas para o início do século XXI, evidenciaram os caminhos evolutivos do marketing na condução de soluções estratégicas de valor para todos os mercados.

Notórias mudanças aconteceram em diferentes atividades do marketing:

- A comunicação estratégica transformou-se na criação de informações e conteúdos abrangentes, integradores, interativos e conectadas com todos os pontos de relacionamento entre empresa e cliente.
- As ofertas de produtos e serviços transformaram-se em oferta de soluções, elaboradas e entregues de acordo com a preferência e conveniência do cliente, num formato *omnichannel* e multifacetado.
- As vendas se transformaram em consequência de uma oferta de experiências positivas para o consumidor, pautada em conhecimento do perfil de consumo e baseada em relacionamento e valores percebidos pelo público-alvo.
- As pesquisas de marketing se transformaram em grandes coletâneas de informações e grupos de notícias e conteúdos captados por um formato conversacional, prioritariamente alinhada à dinâmica virtual de relacionamentos com os mercados e seus grupos de interesse.

Quando os estudos de marketing conceituavam o Marketing 4.0 como sendo a fase evolutiva caracterizada pelos impactos e influências da transformação digital (KOTLER, 2017), e apontava as diretrizes estratégicas de marketing voltadas para a elaboração de táticas de engajamento dos clientes, por meio do uso de aplicativos para os dispositivos móveis e da gamificação, da promoção de ricas experiências digitais ao cliente, customização e personalização dos relacionamentos nas conexões em rede, era apenas parte da trajetória do que já evidenciamos hoje.

Neste último capítulo, longe de arriscarmos novas previsões, trataremos de compreender como essa trajetória evolutiva tem seguido seu curso e, com sorte, aguçar sua atenção e curiosidade para o despertar das estratégias do Marketing que continua a se transformar e a transformar o mercado, o consumo, nossas vidas e as formas de cada vez mais vivenciarmos participativa e ativamente esta evolução.

A tecnologia e o fator humano

Ao observarmos as fases evolutivas do Marketing, que tratamos no início deste livro (Capítulo 1) podemos compreender como as transformações sociais incidiram em fatores que redesenharam, ao longo das décadas, o nosso perfil de consumo e consequentemente a maneira de se fazer Marketing, no sentido estratégico de sua essência. Vamos relembrar?

FASES DO MARKETING	
MARKETING 1.0	Nasceu ainda na revolução industrial, na era da padronização e no consumo em massa. O marketing orientado ao produto e suas características, com abordagem que tratava o consumidor apenas como um comprador do produto.
MARKETING 2.0	Nasce junto com a era da informação. A comunicação tem como foco atrair consumidores por itens diferenciação e que gerem sentido de benefício.
MARKETING 3.0	A comunicação é centralizada em questões humanas, o objetivo de comunicação e atração está em satisfazer a mente e o coração do consumidor.
MARKETING 4.0	Nasce com a revolução das interações sociais no meio digital. O foco da comunicação está na integração entre o digital e o social, e as abordagens são centralizadas em conteúdo, integração e interação entre informação, conhecimento e relacionamentos.
MARKETING 5.0	Impulsionado pela pandemia mundial de COVID-19 é o Marketing baseado em dados, no qual um grupo de tecnologias (IA, sensores, robótica, realidade aumentada, realidade virtual, internet das coisas) deve ser utilizado para compreender e beneficiar a humanidade.

Durante esse processo evolutivo vemos que as estratégias de marketing relacionadas à jornada do consumidor estão ancoradas nas construções humanas e sociais, nas relações de consumo, e a partir da combinação de tecnologia que privilegia identificar o indivíduo. Tudo isso alinhado a uma série de inovações e invenções, gerando uma verdadeira revolução digital.

Percebemos também que o Marketing trilhou por um caminho de inovação e estratégias usadas para aprimorar o relacionamento com consumidores, criando experiências relevantes e diferenciadas, conforme as preferências e conveniências de compra.

Ao longo de toda essa jornada, a possibilidade de reter informações e promover relacionamentos resultou em uma gama de oportunidades propícias para que fossem criadas experiências cada vez mais interessantes e eficazes.

> "(...) algumas vezes os termos invenção e inovação se confundem. Para os gestores, invenção refere-se à dimensão de singularidade – a forma, formulação e função de alguma coisa. Geralmente ela é patenteável. Inovação refere-se ao processo geral pelo qual uma invenção é transformada em um produto comercial que pode ser vendido lucrativamente." CRAWFORD, M.; DI BENEDETTO, 2016, pág.15.

As estratégias de marketing das fases 3.0 foram se transformando e contemplando ações que transformaram pontos de venda em pontos de experiência, e modelando a comunicação entre empresa e mercado numa dinâmica de relacionamento, coparticipação e colaboratividade, de forma a reter os consumidores, e também de aproveitar todos os multicanais e oportunidades para conhecê-los melhor.

Para isso, as empresas não precisaram "reinventar a roda", mas precisaram potencializar os esforços de estender relacionamentos, ampliar as táticas de aproximação e usar a criatividade em suas táticas de inovação. Vamos conhecer algumas delas?

REDE ANDAZ HOTEL

A Rede de hotéis Andaz passou a receber seus hóspedes como anfitriões, mudando o formato de recepção, substituindo os frios balcões de atendimento por boas-vindas humanizadas, com entrevistas pessoais para coletas de informações em tom amigável, que serviam para captar oportunidades de surpreender seus hóspedes com experiências únicas, customizadas e memoráveis.

Recebendo hóspedes como anfitriões

Fonte:Spice Up the Road - Disponível em Andaz: hospedagem para valorizar os seus sentidos - Spice up the Road

No marketing 4.0 algumas marcas do segmento de beleza e bem-estar aliaram a tecnologia às necessidades humanas relacionadas diretamente ao consumo de seus produtos e serviços, como, por exemplo, adotando o uso de aplicativos para a escolha prévia de maquiagens, tinturas e serviços de beleza.

Aplicativo para experiência de compra

Fonte Extra Globo.com. Disponível em https://extra.globo.com/mulher/beleza/aplicativo-permite-
-criar-looks-com-maquiagens-acessorios-cortes-de-cabelos-5192502.html

A partir desta fase o uso da tecnologia nas estratégias de marketing ampliou horizontes de inovação para empresas de todos os segmentos.

Para além da proposta de qualidade de seus produtos, cujo foco principal é a venda de cerâmicas, a Portobello agregou o serviço de desenvolvimento de projetos disponibilizando para os clientes arquitetos que elaboravam os projetos dos clientes em 3D e promoviam a experiência antecipada da visualização do resultado final da obra. Portanto, a empresa começou a vender mais projetos e experiências do que cerâmicas.

Loja de experiências Portobello

Fonte: Archtrends Portobello. Disponível em https://blog.archtrends.com/rede-portobello-shop-traz-novos-ambientes-ao-publico-com-o-conceito-design-experience/

A Nespresso, fabricante de cafeteiras elétricas e cafés em cápsula, oferece o Clube Nespresso para seus clientes, aliás, um exemplo de ativação comunitária característica do Marketing 4.0. Neste clube de vantagens da Nespresso o consumidor se beneficiava de exclusividades como o direito a experimentar cafés da marca nos pontos espalhados pelo país. Lojas com cheiro de café, e que oferecem acessórios com design exclusivo convidando o consumidor a vivenciar a "experiência Nespresso".

Boutique Nespresso: Loja de experiência

Fonte: Gazeta do Povo. Disponível em https://www.gazetadopovo.com.br/bomgourmet/bebidas/nespresso-boutique-com-bar-aulas-gratuitas-cafe/

Seguindo a mesma tendência, a loja de experiência Ray Ban inaugurada no bairro do SoHo, em Nova York, conta até com uma impressora 3D para criar armações. Atualmente, a loja está disponibilizando um oftalmologista. Os clientes podem agendar uma consulta no site, da qual já sairão com um diagnóstico e indicações dos melhores produtos para seu caso. Opa! Perceba então que já notamos aqui o caminho da evolução para o Marketing 5.0.

Loja de experiência Ray Ban em Nova York

Fonte: All Stores Ray Ban. Disponível em https://stores.ray-ban.com/pt_br/estados-unidos/ny/new-
-york/116-wooster-st

Perceberam que em todas as experiências demonstradas nestes exemplos, o uso das tecnologias além de favorecer as relações entre empresa e cliente, impulsionar a positivação das experiências e vivências com as marcas, ainda possibilitam a coleta de informações diretamente do cliente em sua jornada de compra?

Informações sobre suas preferências, detalhes das compras, fatores de decisão, entre tantas outras, são concedidas espontaneamente pelo consumidor, num processo de integração e total interatividade. Mas com muita responsabilidade das empresas, e através de estratégias de marketing executadas de forma ética, por meio de processos transparentes e necessariamente pautados em políticas de relacionamento, principalmente na coleta de informações pessoais consentidas pelo cliente.

Algumas práticas utilizando as tecnologias como fator de integração com as relações humanas na jornada de compra desenharam práticas que favorecem a coleta de dados[4]:

- **Oferta gratuita de wi-fi em troca de cadastro.** Por meio desse cadastro espontâneo é possível estruturar um programa de fidelidade, envio de ofertas e promoções, por exemplo.
- **Beacons:** esses aparelhos de proximidade emitem informações por *bluetooth* nos *smartphones* cadastrados. Com esse recurso é possível identificar um cliente registrando suas ações no estabelecimento, qual o tempo gasto dentro da loja e o que comprou.
- **Câmeras com sensores de calor:** mais utilizadas em shoppings, lojas, mercados e aeroportos, consegue mapear o caminho que o consumidor fez ao entrar na loja e qual o local onde permaneceu por mais tempo.
- **Aplicativo com geolocalização:** A coleta é realizada ao entrar em um estabelecimento e receber notificações com informações de produtos e as ofertas do dia. Esse exemplo é muito usado nos aeroportos para informar aos usuários as áreas de embarque, cafés e balcões das companhias aéreas.

Para o setor de varejo, o uso das tecnologias nas estratégias de marketing também trouxe benefícios em forma de soluções importantes para a jornada do consumidor:

- Pagamento Via *QR Code*
- Compras com a realidade virtual e aumentada
- Vitrine virtual
- *Ship-from-store* ("compre de casa e pegue na loja, com frete grátis")
- Sistema de *self-checkout* e serviço *on demand* (serviços de locação de máquinas de café, purificadores de água e serviços de alimentação através de autoatendimento)
- Uso de aplicativos e dispositivos inteligentes, como *lockers* e provadores inteligentes:

---

4   Adaptado de: https://www.sebrae.com.br/sites/PortalSebrae/ufs/ms/artigos/varejo-40-a--reinvencao-do-varejo-na-era-digital,4e89f67f364eb710VgnVCM100000d701210aR-CRD

LOCKERS INTELIGENTES

Lockers Inteligentes

compre online e retire num locker pertinho de você :)

lockers são armários inteligentes onde você pode retirar sua compra com toda segurança e praticidade

é facinho retirar seu produto no locker

Tem milhaaares de produtos disponíveis pra retirada no locker Americanas. Faça seu pedido no site ou app e receba onde for mais fácil: metrô, postos de combustíveis e vários outros pontos.

Fonte: Americanas.com. Disponível em https://www.americanas.com.br/hotsite/locker

PROVADORES INTELIGENTES

Provador Inteligente Ralph Lauren

Fonte: Vogue. Disponível em https://vogue.globo.com/moda/noticia/2015/11/o-futuro-e-agora-ralph-lauren-inaugura-provador-tecnologico-em-nova-york.ghtml

O Marketing 4.0 ainda apresentava muitas promessas de desenvolvimento, mas a pandemia mundial de COVID-19 e as políticas de distanciamento social tornaram a digitalização dos negócios uma questão de sobrevivência. Mas agora, a prioridade passou a ser as questões humanitárias, e não só as humanas.

Inovação, tecnologia e humanidade: O Marketing 5.0

E é nesse contexto nasce o Marketing 5.0. Ele nasce em meio à adaptação e transformação das estratégias do Marketing provocadas pelas mudanças sociais, pelas inovações tecnológicas e pelos fatores que impactaram a realidade da sociedade mundial, como a pandemia de COVID-19 e suas condições de segurança sanitária e de saúde.

Esta fase tem por principais características a utilização plena das capacidades tecnológicas para entender e conseguir criar soluções inovadoras, entregar e aumentar o valor para os clientes. Por definição o Marketing 5.0 "é a aplicação de tecnologias que mimetizam o comportamento humano para criar, comunicar, entregar e aumentar o valor ao longo da jornada do cliente." (KOTLER, KARTAJAYA, SETIAWAN, 2021, p. 16).

Para isso, as empresas precisaram compreender que coletar dados já não é o suficiente. Para além dos algoritmos, aplicativos e inovações tecnológicas existem condições e questões que somente o entendimento humano é capaz de filtrar e interpretar e assimilar.

"Um dos temas cruciais do Marketing 5.0 é o que chamamos de *next tech*, um grupo de tecnologias utilizadas para emular as capacidades do profissional de marketing humano. Isso inclui IA, PLN, sensores, robótica, realidade aumentada (RA), realidade virtual (VR), internet das coisas (IoT) e *blockchain*. Uma combinação dessas tecnologias é o que torna possível o Marketing 5.0." (KOTLER, KARTAJAYA, SETIAWAN, 2021, p. 16 a 17).

Sendo assim, no Marketing 5.0 contextualiza-se que as inteligências humana e artificial devem se unir para favorecer e enriquecer a experiência do usuário, e desta forma possibilitar para além de experiências positivas para o consumidor, reais mudanças importantes no mercado e no bem-estar da sociedade.

Como o objetivo principal do Marketing 5.0 é aproximar marcas e consumidores de forma sólida através de um processo apoiado por uma simbiose homem-máquina, no contexto em que a máquina aparece prioritariamente no processamento de dados, na coleta de informações e na manutenção e gestão de conteúdo. Neste mesmo contexto o uso da lógica por algoritmos e da IA está associado à escalabilidade de tarefas repetitivas e programáveis.

Nesta simbiose os aspectos humanos no Marketing 5.0 promovem e desenvolvem a sabedoria e a empatia, através de conexões abrangentes e estimulantes da consonância de pensamento crítico, comum e sociável, e favorável às soluções inovadoras e benéficas para o coletivo. Desta forma, o Marketing 5.0 busca também:

- Atingir O Lado Emocional Do Cliente
- Apoiar Causas Justas
- Transformar Os Consumidores Em Embaixadores Das Marcas
- Promover a Responsabilidade Social e a Responsabilidade Ambiental.

A Responsabilidade social no Marketing 5.0 é um poderoso caminho para que haja a identificação de valores do consumidor e da própria empresa.

Já através da Responsabilidade Ambiental possibilita que a marca possa ter um diferencial de credibilidade em relação aos concorrentes.

Por exemplo, reforçando o protagonismo da atividade pecuária na economia brasileira, os avanços dos produtores para a adoção de tecnologia no campo impulsionam os resultados buscando produtividade, eficiência e rentabilidade e, consequentemente, preservando o capital alocado na produção rural. Muitos produtores passaram a entender melhor a importância de usar tecnologias nas fazendas, incluindo suplementação adequada para os animais se tornarem mais produtivos e saudáveis durante todo seu ciclo de vida.[5]

---

5   Disponível em https://revistadeagronegocios.com.br/dsm-tecnologia-impulsiona-os-re-sultados-da-pecuaria-de-corte-e-leite-frente-aos-desafios-em-2022/

Como exemplo do uso da Inteligência Artificial na análise de dados no contexto do Marketing 5.0, as organizações de saúde já estão adotando tecnologias para impulsionar a eficiência operacional e melhorar os cuidados aos pacientes. Já é possível, utilizar algoritmos para prever o fluxo de pacientes e recomendar alterações para reduzir o tempo de espera nos hospitais.

Além disso, podemos observar o surgimento de novos recursos no atendimento em saúde. A telemedicina é vista como a principal tendência para os próximos anos neste segmento no Brasil. Já temos serviços de teleconsulta consolidados e grandes oportunidades de investimento na área. Outros benefícios para os usuários já estão disponíveis, como os laudos médicos por meio de certificados digitais, e que podem ser armazenados em nuvem, em acessos futuros para compor um diagnóstico completo, facilmente acessível e muito mais preciso.

Medicina Digital

Fonte: Telemedicina. Freepik. Reprodução/Freepik.com

A medicina digital é um reflexo das mudanças da tecnologia para a humanidade no segmento de saúde.

Seguindo esta tendência, as plataformas de medicina na nuvem tratam da preocupação com a segurança de dados, tanto dos médicos como dos pacientes, direcionando o uso das tecnologias de forma a cada vez mais trazer mais conforto e agilidade para os usuários e profissionais. E já é possível que o mapeamento de carências regionais entre as unidades médicas favoreça a ampliação de soluções para as redes de atendimento remoto. A redução de custo é um importante fator a ser considerado neste aspecto.

Com novos formatos de atendimento, a tecnologia e inteligência de dados já vêm comprovando seu potencial para entregar novas possibilidades à saúde, e como a transformação digital está em desenvolvimento constante, é previsível a necessidade de capacitação profissional relacionada à medicina digital. Portanto, vislumbram-se novas oportunidades, novos cargos e crescimento saudável para o setor.

Diretrizes do Marketing 5.0

De acordo com Kotler, Kartajaya e Setiawan (2021), o Marketing 5.0 é pautado em cinco diretrizes:
- Marketing baseado em dados
- Marketing preditivo
- Marketing contextual
- Marketing aumentado
- Marketing ágil.

Vamos compreender melhor cada uma delas.

Ao estabelecer metas claras, a iniciativa de **marketing direcionado por dados** se torna mensurável e passível de ser acompanhada de perto e desta forma renderão ações mais práticas e aprimoradas. Ou seja, a jornada do cliente se torna facilmente mapeada e as informações rapidamente transformadas em novas ações mais assertivas e realmente valorosas para o cliente.

Na era da informação, a coleta de dados – as fontes vêm do da web, dos pontos de venda, da IoT (Internet das coisas) e também de informações de engajamento – facilita a melhor gestão do relacionamento com o cliente (CRM), favorece as conexões em rede

(CRM Social), e o grande volume de dados (Big Data) oportuniza a obtenção de ideias melhores e inovadoras.

O **Marketing Preditivo** diz respeito a como antecipar as demandas de mercado com ações proativas. Este segmento trabalha com a gestão do cliente, do produto e da marca. Faz isso através da análise de dados históricos, mas vai além da estatística descritiva, além da análise em tempo real, examina comportamentos e probabilidades, buscando respostas e rompendo padrões.

Fonte: Marketing 5.0: Tecnologia para a humanidade, p. 190. Kotler, 2021.

O **Marketing Contextual** refere-se aos aspectos para criar uma experiência personalizada de percepção e resposta, e se vale da inteligência artificial para reconhecer o cliente e aprender com ele. Tais aspectos abrangem experiência, mídia, promoção, produto e mensagens corretas, assim como gatilhos provenientes da IoT (pessoa, perfil, lugar, momento e humor certos). O objetivo é entregar uma experiência contextual em grande escala, com a ajuda da IoT e da IA.

Gatilhos e respostas no Marketing Contextual

Fonte: Marketing 5.0: Tecnologia para a humanidade, p. 218. Kotler, 2021.

O **Marketing Aumentado** está relacionado à entrega de interações humanas empoderadas pela tecnologia. Se concentra nas atividades de marketing que envolvem interfaces humanas, como vendas, suporte técnico e funções que fazem intenso uso dos recursos humanos. Atua propiciando soluções e é parte importante da experiência do cliente, criando interfaces digitais (IAs, *chatbots*, mensagens de celular) e alternativas do cliente interagir com as marcas e as empresas.

O **Marketing Ágil** favorece a execução de operações maiores e mais rápidas, através de esforços distintos, como análises que retornam resultados em tempo real. As empresas precisam monitorar e reagir às tendências e mudanças no comportamento do consumidor, pois uma experiência que hoje é atraente pode se tornar ultrapassada assim que os concorrentes fizerem o mesmo ou a superarem.

Desenvolvimento do Marketing Ágil

Fonte: Marketing 5.0: Tecnologia para a humanidade, p. 241. Kotler, 2021.

Resumindo...

Notórias mudanças aconteceram em diferentes atividades do marketing, durante sua evolução. As estratégias de marketing relacionadas à jornada do consumidor estão ancoradas nas construções humanas e sociais, nas relações de consumo, e a partir da combinação de tecnologia que privilegia identificar o indivíduo. Tudo isso alinhado a uma série de inovações e invenções, gerando uma verdadeira revolução digital.

Por definição o Marketing 5.0 "é a aplicação de tecnologias que mimetizam o comportamento humano para criar, comunicar, entregar e aumentar o valor ao longo da jornada do cliente." (KOTLER, KARTAJAYA, SETIAWAN, 2021, p. 16).

Para isso, as empresas precisaram compreender que coletar dados já não é o suficiente. Para além dos algoritmos, aplicativos e inovações tecnológicas existem condições e questões que somente o entendimento humano é capaz de filtrar e interpretar e assimilar.

Como o objetivo principal do Marketing 5.0 é aproximar marcas e consumidores de forma sólida através de um processo apoiado por uma simbiose homem-máquina, no contexto em que a máquina aparece prioritariamente no processamento de dados, na coleta de informações e na manutenção e gestão de conteúdo.

O Marketing 5.0 aprimora as experiências dos usuários, usando a tecnologia em favorecimento da humanidade, de forma a também melhora a jornada do consumidor, conhecendo-o, entregando-lhe valores, e inovando em soluções adequadas a atual realidade de mercado.

De uma forma geral, o Marketing continua a se transformar e a transformar o mercado, promovendo de forma estratégica soluções de consumo e experiências positivas para a sociedade.

REFERÊNCIAS

ANSOFF, H. I. **Estratégia empresarial**. 1ª ed. São Paulo: Ed. Mc-Graw-Hill do Brasil, 1977.

BAKER, M. J. **Administração de marketing.** 5ª ed. Rio de Janeiro: Campus, 2005.

BAUMAN, Z. **Vida para consumo:** A transformação das pessoas em mercadoria. Rio de Janeiro: Zahar, 2008.

BEZERRA, L. L.; DA SILVA, J. L. D. **Comportamento do consumidor na era digital.** Curitiba: Intersaberes, 2021.

CASTELLS, M. **A sociedade em rede:** Do conhecimento à ação política. Organizadores: Manuel Castells e Gustavo Cardoso. Imprensa Nacional – Casa da Moeda, 2005.

CRAWFORD, Merle; BENEDETTO, Anthony di. **Gestão de novos produtos.** São Paulo: McGraw Hill Brasil, 2016.

Ferramenta digital. Disponível em: https://www.semrush.com/lp/sem-aeoy/pt/?kw=semrush%20inc&cmp=BR_POR_SRCH_Brand_Semrush_PT&label=brand_semrush&Network=g&Device=c&utm_content=527642804611&kwid=kwd-660426995191&cmpid=13512058071&agpid=127265540327&BU=-Brand_Semrush&extid=&adpos=&gclid=Cj0KCQiA14WdBhD8ARIsANao07iulKjdkJ0bsF-9mDvByF4ie0bDK54IwIkGuRGzswxs_a6ddFKO4HUaAunjEALw_wcB. Acesso em 5 dez.2022.

Funil de vendas. Disponível em: **https://resultadosdigitais.com.br/vendas/o-que-funil-de-vendas/.** Acesso em 1 de nov. 2022.

GABRIEL, M.; KISO, R., **Marketing na era digital:** Conceitos, Plataformas e estratégias. 2ª ed. São Paulo: Atlas, 2020.

GERAÇÃO Z. Disponível em: https://neuronioadicional.com.br/tag/geracao-z/. Acesso em 25 ago. 2022.

As gerações e suas principais características. Disponível em Líder Treinador: https://www.lidertreinador.com.br/2019/06/geracoes-e-suas-principais-caracteristicas/ Acesso em 25 ago. 2022.

GIGLIO, E. M. **O comportamento do consumidor**. 2ª ed. São Paulo: Pioneira, 2004.

HOUAISS, A. **Minidicionário Houaiss da língua portuguesa.** São Paulo: Moderna, 2015.

IMME, A. Ranking das redes sociais: as mais usadas no Brasil e no mundo, insights e materiais gratuitos. Resultados Digitais, 2020. Disponível em: https://resultadosdigitais.com.br/blog/redes--sociais-mais-usadas-nobrasil/. Acesso em: 27 jul. 2022.

KISO, R. **Unbound marketing:** como construir estratégia exponencial usando o marketing em ambiente digital. São Paulo: DVS Editora, 2021.

KOTLER, P. Philip; ARMSTRONG, G. . **Princípios de Marketing**. 5 ed. Rio de Janeiro: Editora Prentice − Hall do Brasil LTDA, 1993.

KOTLER, P. **Marketing para o século XXI:** como criar, conquistar e dominar mercados. Rio de Janeiro: Alta Books, 2021.

KOTLER, P.; KELLER, K. L. **Administração de Marketing.** 15ª ed. São Paulo: Pearson, 2018.

KOTLER, P.; KARTAJAYA, H.; SETIAWAN, I. **Marketing 3.0:** As forças que estão definindo o novo marketing centrado no ser humano. Rio de Janeiro: Campus, 2010.

KOTLER, P.; KARTAJAYA, H.; SETIAWAN, I. **Marketing 4.0:** Do tradicional ao digital. Rio de Janeiro: Sextante, 2017.

KOTLER, P.; KARTAJAYA, H.; SETIAWAN, I. **Marketing 5.0**: Tecnologia para humanidade. Rio de Janeiro: Sextante, 2021.

LEMOS, A. **Cibercultura:** tecnologia e vida social na cultura contemporânea. 4. ed. Porto Alegre: Sulina, 2008.

LEMOS, A; LÉVY, P.. **O Futuro da Internet:** Em direção a uma ciberdemocracia planetária. São Paulo: Paulus. 2010.

LEVITT, T. **A imaginação de marketing.** 2ª ed. São Paulo: Atlas, 1990.

LÉVY, P. **Cibercultura.** São Paulo: Editora 34, 1999b.

LÉVY, P. **Cibercutltura.** 3ª ed. São Paulo: Editora 34, 2010.

LÉVY, P. **O que é Virtual.** São Paulo: Editora 34, 1999.

LONGO, W. **O Fim da Idade Média e o início da Idade mídia:** Como a tecnologia e o Big Data estimulam a meritocracia e a valorização do Indivíduo nas empresas e sociedade. Rio de Janeiro: Altabooks, 2019.

LOVELOCK, C.; WRIGHT, L. **Serviços: Marketing e gestão.** São Paulo: Saraiva, 1999.

MATRIZ SWOT Disponível em **https://blog.runrun.it/matriz--swot/** Acesso 5 de dez. 2022.

MODELO DE COMPORTAMENTO DO CONSUMIDOR. Figura adaptada de Kotler e Keller (2018, p. 176) disponível em: **https://www.re-searchgate.net/figure/Figura-1-Modelo-de-comportamento-do--consumidor-Fonte-adaptado-de-Kotler-Keller_fig1_361143136/ download.** Acesso em: 5 dez. 2022.

MOTHERSBAUGH, D. L; DEL, I. H. **Comportamento do consu-midor:** construindo a estratégia de marketing. 13ª ed. – Rio de Janeiro: Elsevier, 2019.

NUNES, E. A. **A Evolução do marketing digital 1.0, 2.0, 3.0, 4.0.** Disponível em https://ettoscomunica.com/evolucao-do-marketing/ acesso em 5 ago. 2022.

PALÁCIOS, Fernando. **O guia completo do Storytelling** / Fernando Palácios e Martha Terenzo – Rio de Janeiro: Alta Books, 2016.

PESQUISA GOOGLE. **Zmot:** Conquistando o momento zero da ver-dade. EUA: Google, 2011. E-book.

RECUERO, R. **O que é mídia social?** Blog Social Media, 2008. Dis-ponível em: http:// www.pontomidia.com.br/raquel/arquivos/o_que_e_ midia_ social.html. Acesso em: 22 out. 2022.

RECUERO, R. **Redes sociais na internet.** Porto Alegre: Sulina, 2009.

REZ, R. **Marketing de conteúdo:** a moeda do século XXI. São Paulo: DVS Editora, 2016.

ROCHA, A.; FERREIRA, J.; SILVA, J. **Administração de marketing:** Conceitos, estratégias, aplicações. 2ª ed. São Paulo: Ed. Atlas, 2012.

Roteiro de Plano de Marketing Digital. Disponível em: https://www.agenciatupiniquim.com.br/blog/plano-de-marketing-digital/#6. Acesso em 05 dez. 2022.

SCOLARI, C. A. 2013. Narrativas transmedia: cuando todos los medios cuentan. Barcelona: Deusto.

SHETH, J. N.; MITTAL, B; NEWMAN, B. L. **Comportamento do cliente:** Além do comportamento do consumidor. 3ª ed. São Paulo: Atlas, 2002.

SOLOMON, M. R. **Comportamento do consumidor:** comprando, possuindo e sendo. 11ª ed. Porto Alegre: Bookman, 2016.

SOUTO, R. **O que é Inbound Marketing?** Tudo o que você precisa saber! Disponível em: https://br.hubspot.com/blog/marketing/o-que-e--inbound-marketing. Acesso em 1 nov. 2022.

TORRES, C. **A bíblia do marketing digital:** Tudo o que você queria saber sobre marketing e publicidade na internet e não tinha a quem perguntar. 2ª ed. São Paulo: Novatec, 2018.

YANAZE, M. H. **Gestão de marketing e comunicação:** avanços e aplicações. 2ª ed. São Paulo: Editora Saraiva, 2011.

VAZ, C. A. **Google marketing:** Metodologia dos 8 Pês do marketing. 3ª ed. São Paulo: Novatec, 2010.

VAZ, C. A. **Os 8Ps do Marketing Digital:** O guia estratégico de marketing digital. 1 ed. Rio de Janeiro: Novatec, 2011.